LA PASSION DES
HORTENSIAS

LA PASSION DES HORTENSIAS

KATHARINA ADAMS

CHANTECLER

Table des matières

Hortensias pleins de splendeur

Les hortensias – notamment les hortensias à grosses fleurs, avec leurs luxuriantes inflorescences en boules roses ou bleu ciel – comptent à n'en pas douter parmi les plus beaux buissons à fleurs, et aussi les plus populaires. Ce livre a pour objet de vous présenter leur incroyable diversité et leurs usages possibles.

La nature et le travail de longue haleine des botanistes nous offrent une palette incroyablement large de couleurs et de formes d'hortensias. Les espèces et variétés d'hortensias à inflorescences en boules, dites hortensias-boules, sont très connues, mais on en trouve aussi à inflorescences plates, dites « à bonnet de dentelle » ou « Teller » (qui signifie assiette en allemand), d'allure plus fine et délicate. Quelques autres espèces se distinguent par des panicules plus ou moins coniques.
Quel que soit le genre, tous ces arbustes sont à (re)découvrir absolument, car ils sont faciles à vivre tout en étant décoratifs.

Une haie d'hortensias à grandes feuilles en pleine floraison s'accorde parfaitement bien avec une maison à colombage champêtre.

Les hortensias d'un point de vue botanique

D'un point de vue botanique, le terme 'hortensia' est impropre. Le genre des hortensias est appelé en botanique *Hydrangea*. Il désigne en règle générale des arbustes à fleurs au feuillage caduque. Le genre *Hydrangea* fait partie de la petite famille des Hydrangéacées *(Hydrangeaceae)*. Celle-ci, outre l'**hortensia** *(Hydrangea)* et le **faux hortensia** *(Schizophragma)*, regroupe aussi d'autres arbustes à fleurs connus comme le deutzia *(Deutzia)* ou le faux jasmin *(Philadelphus)*, ainsi que quelques autres plantes vivaces. Longtemps rangés dans la famille des Saxifragacées *(Saxifragaceae)*, ces genres se sont vu attribuer une famille propre il y a un certain nombre d'années.

Grâce à ses racines aériennes, l'hortensia grimpant *(Hydrangea petiolaris)* s'agrippe à la façade en briques de la maison. Les plantes jeunes apprécient la présence d'un tuteur pour les aider à grimper.

Conseil

N'enlevez pas tout de suite les ombelles fanées, car même alors les hortensias restent extrêmement décoratifs. Les inflorescences conservent leur beauté jusqu'à l'hiver et sont, recouvertes de frimas, tout simplement ravissantes.
« Il n'est pas de plante qui meurt aussi belle » a d'ailleurs écrit le célèbre botaniste et paysagiste Karl Foerster.

Port

La vigueur et la rapidité de croissance des hortensias varient grandement d'une espèce à l'autre. Les variétés macrophylla (c'est-à-dire les variétés d'**hortensias à grandes feuilles** *H. macrophylla*) sont celles que l'on rencontre le plus couramment dans nos jardins. Elles dépassent à peine 1,50 m de hauteur, même avec l'âge, et donnent des arbustes compacts en forme de coupole. ***Hydrangea serrata*** et ses variétés poussent bien plus en largeur qu'en hauteur. *H. serrata* var. *koreana*, originaire des régions montagneuses de Corée, forme même des stolons et, avec une hauteur maximale de 1 m, a un port sensiblement plus bas que les autres. ***Hydrangea aspera*** et ***Hydrangea sargentiana*** sont quant à eux nettement plus hauts. À maturité, ils atteignent 3 m de hauteur, voire plus. Les variétés d'**hortensias à panicules** *(H. paniculata)* ont un port plutôt en forme de vase, leurs rameaux poussent en éventail. La taille printanière, qu'il est recommandé de pratiquer régulièrement avec cette espèce, accentue ce port et préserve l'aspect compact des plantes.

Le feuillage de l'hortensia à feuilles de chêne *(Hydrangea quercifolia)* rappelle celui du chêne américain.

Hortensias grimpants

Au sein du genre *Hydrangea* figure aussi une espèce grimpante, *H. anomala ssp. petiolaris* ou hortensia grimpant. Cependant, sans tuteur pour grimper, il pousse aussi rampant au sol ou en petit buisson dense. On peut donc l'utiliser comme couvre-sol pour couvrir un talus. À la différence du lierre, l'hortensia grimpant ne développe pas des racines aériennes, mais des crampons, qui adhèrent sur les façades lisses. L'hortensia grimpant ne se comporte donc pas de manière aussi agressive que le lierre, capable de prendre possession de fenêtres en à peine quelques semaines.
L'hortensia grimpant est tout à fait capable de s'enrouler autour de tuteurs verticaux tels que les tuyaux ou les paratonnerres. Il permet d'habiller en beauté une tonnelle, un porche, un mur aveugle ou même un vieux tronc d'arbre dégarni. Cet hortensia constitue un excellent endroit de nidification. Il n'est pas rare d'y trouver des nids de merles ou de pigeons.
La famille des Hydrangéacées comporte cependant une autre forme grimpante, le **faux hortensia** *(Schizophragma hydrangeoides)*, un parent proche qui mérite d'être cité. D'apparence assez proche du vrai hortensia grimpant, il a aussi les mêmes besoins. On le différencie à la

présence d'une bractée blanche ou rose pâle, cordiforme à la base de ses fleurs.

Diversité des feuillages

Tous les hortensias ont une caractéristique commune : leurs feuilles sont opposées. En revanche, leur surface, leur couleur et leur taille varient beaucoup selon les espèces. Le feuillage des hortensias à grandes feuilles, par exemple, est ovale et plus ou moins pointu, de taille moyenne, et sa surface est ferme et glabre. L'hortensia grimpant quant à lui a un feuillage cordiforme et lustré qui rappelle beaucoup celui du tilleul. Son ancien nom botanique faisait référence à cette caractéristique : *Hydrangea tiliaefolia,* hortensia à feuilles de tilleul.
Le feuillage de *Hydrangea sargentiana* a une tout autre allure. Il est doux au toucher, voire velouté, et de grande taille. Quant à l'hortensia à feuilles de chêne *(H. quercifolia)*, très lobé, il ressemble à celui du chêne américain, mais les feuilles sont positionnées différemment sur les pétioles. Le feuillage vert foncé devient roux en automne. Son effet décoratif est surprenant, surtout en fin de saison.

Les fleurs stériles claires d'*Hydrangea sargentiana* tranchent nettement avec les fleurs foncées intérieures.

Splendeur des fleurs

Tous les hortensias fleuris accrochent le regard dans le jardin, quelle que soit la couleur de leurs magnifiques inflorescences.
Selon les espèces et les variétés, leurs fleurs sont construites en boules denses, en panicules plates aérées ou coniques. Les véritables fleurs sont pourtant assez invisibles. Ce sont les fleurs stériles, plus exactement les sépales, qui encerclent toujours les fleurs fertiles qui font toute la beauté de ces fleurs et

leur donnent leur grande valeur ornementale.
Chez les hortensias en boules et les hortensias à panicules, en fonction de la variété, un à deux tiers des fleurs fertiles sont cernées de ces **fleurs stériles** ; chez les hortensias Teller en revanche, les fleurs stériles sont à la périphérie et forment une couronne extérieure, le reste étant constitué de petites **fleurs fertiles**. Les fleurs stériles ont pour seul but d'attirer les divers insectes qui effectuent la pollinisation. Abeilles et papillons, ainsi que les syrphes, se prennent au piège des fleurs d'hortensias. On y observe aussi des mouches traditionnelles.
Les variétés les plus précieuses d'un point de vue écologique sont naturellement celles avec une grande proportion de fleurs fertiles, plutôt les formes Teller donc.

L'origine de nos hortensias

La littérature situe l'introduction de l'hortensia en Europe autour de 1788. Le premier *Hydrangea macrophylla* aurait été ramené du Japon par le botaniste et naturaliste anglais Sir Joseph Banks et aurait fleuri dans une tonalité rose dans les célèbres jardins de Kew à proximité de Londres.

Confusion autour d'un nom

Deux théories s'opposent sur l'origine du nom « hortensia ». La première veut que ce nom soit un hommage à Hortense de Beauharnais, reine de Hollande, belle-fille de Napoléon Ier et mère de Napoléon III. Pour la seconde, « hortensia » est un nom d'origine tout à fait profane, qui signifie, traduit littéralement du latin, « du jardin ». Cette théorie est étayée par le fait qu'entre 1766 et 1769 – soit avant la naissance d'Hortense de Beauharnais en 1783 – une expédition navale mondiale de recherche a eu lieu, conduite par le mathématicien et navigateur Louis Antoine de Bougainville. À bord se trouvait le médecin et botaniste français Philibert Commerson (1727-1773), qui aurait découvert l'hortensia en 1767 dans les jardins de

Les variétés « boules » et les variétés à fleurs plates d'hortensias à grandes feuilles peuvent se combiner de multiples manières. Leurs fleurs, aux couleurs généralement tendres, dégagent un parfum de romantisme champêtre.

Chine et l'aurait ramené en France avec lui.
Le célèbre biologiste et botaniste français Jean-Baptiste de Lamarck a qualifié la plante que Commerson a rapportée d'*Hortensia opuloides,* « hortensia semblable à Œdipe ». La littérature plus ancienne parle d'*Hortensia hortensis* ou d'*Hydrangea hortensis*. En se basant sur l'hortensia introduit en Angleterre par le précédemment mentionné Sir Joseph Banks, Sir James Smith, président de la Société linnéenne de Londres, l'a baptisé en 1791 *Hydrangea hortensis* (le nom du genre *Hydrangea* signifie, librement traduit du grec, « qui attire l'eau » et fait référence à l'emplacement proche de l'eau des espèces d'origine). Il existait depuis 1784 un autre nom, donné par le naturaliste suédois Carl Peter Thunberg, pour la même espèce : *Viburnum macrophyllum* (*Viburnum* = viorne, en raison de la forme de leurs fleurs, les hortensias avaient été à tort rangés dans les espèces de viornes). Enfin, en 1830, Nicolas-Charles Seringe, botaniste, a mis fin à la confusion en se servant à la fois du nom donné par Smith pour le genre et de celui par Thunberg pour l'espèce, ce qui a donné le nom qu'on lui

Les funkias *(Hosta)* constituent un partenaire vivace idéal pour les hortensias. Eux aussi se plaisent particulièrement bien sur un sol humifère, de préférence à un emplacement à la mi-ombre.

connaît actuellement : *Hydrangea macrophylla*. Et ce nom lui est resté !

Cultivars anciens

Pendant étonnamment longtemps, les hortensias sont restés l'apanage des collectionneurs et des botanistes. Les jardiniers se les sont appropriés tardivement. Au début, la variété 'Otaksa' a quasiment monopolisé les serres. À partir de cette variété, le cultivateur français Lemoine a sélectionné en 1894 le cultivar 'Otaksa Monstruosa'. En 1879, **Charles Maries**, un horticulteur anglais, envoya un hortensia à la fameuse pépinière anglaise Veitch, où il reçut le nom de 'Mariesii'. Dans les années 1902-1903, le Français **Lemoine**, après avoir semé des graines de ce cultivar, en sélectionna trois plantes, qu'il nomma 'Mariesii Perfecta', 'Mariesii Grandiflora' et 'Mariesii Lilacina'. Ces trois cultivars ont été le fondement de la culture de l'hortensia en Europe. On les trouve d'ailleurs toujours au-

Très souvent, les hortensias en pot durent longtemps. Avec un bon arrosage et des engrais adaptés, ces sujets deviennent des arbustes luxuriants.

jourd'hui. À partir de 1908, le Français **Émile Mouillère** a cultivé près de 70 variétés nouvelles. Les horticulteurs se sont livrés à une sérieuse concurrence pour développer de nouvelles variétés et, dans les années 1920, un certain nombre de cultivars nouveaux intéressants apparurent : 'Westfalen', 'Hambourg', 'Elbe', et 'Heinrich Seidel'. Leur nom suffit parfois à comprendre où ils sont nés. Aujourd'hui encore, ils sont présents dans de nombreux parcs.

À l'heure actuelle, les variétés macrophylla sont développées principalement pour la culture en pot.

Beaux et robustes

Les hortensias sont des **plantes d'intérieur et plantes en pot** très appréciées ; ils retrouvent cependant souvent le chemin des jardins après leur belle floraison. Depuis quelques années, ils sont de plus en plus sélectionnés sur des critères tels que leur **résistance au froid**. Leur popularité en tant qu'arbustes de jardin va en s'accroissant et ils connaissent actuellement un véritable engouement. Les cultivars les plus récents ont des inflorescences à fleurs doubles et certains ont fait leurs preuves cultivés dans un jardin.

Parmi d'autres variétés, la variété 'Endless Summer', qui fleurit aussi sur les rameaux de l'année, a fait une véritable percée. Il vous comblera de fleurs tout au long de l'année et est particulièrement rustique. De fortes gelées n'entraînent plus nécessairement une absence totale de floraison. Il devrait y avoir encore d'autres progrès dans les années à venir, qui contribueront à augmenter la popularité des hortensias comme plantes de jardin, et de nouveaux cultivars de *H. paniculata* devraient également faire leur apparition.

Hortensias pour le jardin

Alors que différentes formes pour le jardin existent depuis près de deux cents ans au Japon, l'hortensia à panicules *(H. paniculata)* n'est cultivé en Europe que depuis quelques années. Le choix s'est considérablement accru. Les panicules ont grandi, de nouvelles couleurs de fleurs sont désormais proposées, des tons vert pâle ou différentes nuances rosées.

D'Asie et d'Amérique

Comme *Hydrangea macrophylla*, les espèces *H. paniculata, H. aspera, H. sargentiana, H. serrata, H. heteromalla* – plus rare – et le grimpant *H. petiolaris* proviennent du continent asiatique. Cependant, quelques espèces sauvages d'hortensias sont originaires de la côte Est de l'Amérique du Nord. C'est de là que l'hortensia de Virginie *(H. arborescens)* et l'hortensia à feuilles de chêne *(H. quercifolia)* ont été importés en Europe. *H. arborescens* est vite devenu une plante de jardin très populaire, car elle est à la fois florifère et résistante au gel. Cependant, elle a besoin de beaucoup d'eau et requiert un arrosage important en période de sécheresse. L'hortensia de Virginie se rencontre souvent dans les jardins paysagers, ses rameaux fleuris donnent volontiers de jolies fleurs coupées.
L'**hortensia à feuilles de chêne** n'est devenu vraiment à la mode que ces dernières années. Appréciable pour la forme de son feuillage et sa spectaculaire coloration automnale, il a toutefois besoin d'un emplacement protégé et pousse lentement au début.

Variétés anciennes et nouvelles

On trouve d'innombrables variétés d'*Hydrangea macrophylla* et d'*H. paniculata* sur le marché. Mais jusqu'à ces dernières années, c'est surtout sur *H. macrophylla*, l'hortensia à grandes feuilles, que se concentrait la culture en Europe. Beaucoup de variétés anciennes ont aujourd'hui disparu, celles qui ont fait preuve d'une meilleure résistance au froid dans les jardins se sont imposées.

Une combinaison singulière où prédominent essentiellement des tons verts. Les hortensias de Virginie *(H. arborescens)* tolèrent aussi très bien le plein soleil.

Portraits des plus beaux hortensias

Il existe une grande diversité de variétés d'hortensias. Les cultivars modernes coexistent avec des variétés historiques qui ont perduré pendant plus de cent ans en faisant preuve de leur très bonne résistance au froid.

Le groupe des hortensias macrophylla rassemble le plus grand nombre de variétés. Et parmi elles, une majorité possède des fleurs en forme de boules. Depuis quelques années cependant, de nouvelles variétés d'hortensias à panicules *(H. paniculata)* ont fait leur apparition.

À des fins de clarté, les hortensias présentés dans ce chapitre ont été classés dans les **groupes** suivants :

- **Hortensias à grandes feuilles**
  à fleurs en boules
  à fleurs plates ou Teller
- Formes d'***Hydrangea serrata***
- **Hortensias de Virginie**
- **Hortensias à panicules**
- **Hortensias à feuilles de chêne**
- **Espèces sauvages** diverses
- **Hortensias grimpants**

Hydrangea aspera se rencontre plus fréquemment dans les parcs publics que dans les jardins privés.

Hortensias à grandes feuilles

La majorité des gens associe automatiquement le terme « hortensia » aux classiques hortensias à grandes feuilles *(H. macrophylla)*. Ces derniers sont effectivement le groupe le plus important. Les premiers hortensias arrivés en Europe étaient des variétés d'*H. macrophylla* cultivées en Asie. Si elles partagent la même origine, les variétés à fleurs en boules et les variétés à fleurs plates ou Teller (mot allemand signifiant « assiette ») ne se ressemblent pas. Ces dernières sont également parfois qualifiées de « Lacecaps » (« bonnets de dentelle » en anglais). Parmi les fleurs en boules, la plupart des fleurs simples intérieures sont stériles, tandis que chez les Lacecaps, les fleurs stériles forment une couronne extérieure qui entoure les fleurs fertiles. Ces fleurs ressemblent à celles des variétés d'*H. serrata*.

Explications

Liste des pictogrammes
Les pictogrammes vous donnent en bref des informations sur les propriétés importantes des plantes.

Floraison
✿ 4–7 Mois de floraison

Hauteur de croissance
⬆ 20–30 Hauteur moyenne (en cm)

Largeur de croissance
⬌ 150 Largeur moyenne (en cm)

Exposition
○ Soleil
● Ombre légère (clarté mais sans soleil)
◑ Mi-ombre
● Ombre

La hauteur et la largeur de croissance indiquées se basent sur des plantes de 10 à 15 ans.

La floraison principale de toutes les variétés de macrophylla a lieu en juillet. Chez certaines, elle commence dès la mi-juin et elle se prolonge jusqu'en septembre. Mais leurs fleurs restent très décoratives en fanant.

Variétés à fleurs en boules

'Ayesha'

●–◑ ✿ 7–9 ⬆ 100 ⬌ 150

Couleur des fleurs : En fonction du pH, du rose au bleu tendre.
Forme des fleurs : Sphères aplaties rappelant les fleurs du lilas ; bords des fleurs simples légèrement incurvés vers l'intérieur.
Feuillage : Vert moyen, ovale, bord denté.
Caractéristiques : Variété à part avec des fleurs singulières qui rappellent le lilas. Croissance rapide et en largeur. Légèrement odorant !
Utilisation : Isolé, en groupe, dans une plate-bande, en pot.
Entretien : S'épanouit de façon optimale à un emplacement protégé, sans soleil direct. En cas de sécheresse, arroser suffisamment. Ne pas rabattre au printemps, enlever seulement les fleurs fanées.
Résistance au froid : Assez bonne.

Les fleurs d''Ayesha' rappellent le lilas. Cette variété se conserve mieux en pot dans les régions aux hivers froids et doit être mise à l'abri du gel en hiver.

'Bela'

●–◑ ✿ 7–10 ⬆ 100 ⬌ 120

Couleur des fleurs : En fonction du pH, du rose franc au bleu pâle ; couleur marquée.
Forme des fleurs : Boules, inflorescences particulièrement grandes ; floraison homogène ; fleurs simples arrondies.
Feuillage : Vert foncé, ovale, bord denté.
Caractéristiques : Variété à faible croissance, pousse plus en largeur qu'en hauteur.
Utilisation : Isolé, en groupe, dans une plate-bande, en pot.
Entretien : S'épanouit de façon optimale à un emplacement protégé, sans soleil direct. En cas de sécheresse, arroser suffisamment. Ne pas rabattre au printemps, enlever seulement les fleurs fanées.

La particularité de 'Bela' réside dans la vivacité de la couleur de ses fleurs.

Résistance au froid : Satisfaisante.

Variété approchante :

• 'Souvenir de La Marne' : rose chaud.

'Maréchal Foch'

●–◑ ✿ 7–10 ⬆ 100 ⬌ 100

Couleur des fleurs : Mauve pur très franc.
Forme des fleurs : Boules, inflorescences particulièrement grandes ; floraison homogène ; fleurs simples irrégulières.
Feuillage : Vert foncé, ovale, bord denté.
Caractéristiques : Variété vigoureuse, densément buissonnante, pousse en général plus en hauteur qu'en largeur.
Utilisation : Isolé, en groupe, dans une plate-bande, en pot.
Entretien : S'épanouit de façon optimale à un emplacement protégé, sans soleil direct. En cas de sécheresse, arroser suffisamment. Ne pas rabattre au printemps, enlever seulement les fleurs fanées.
Résistance au froid : Bonne.

'Bouquet rose'

○–◑ ✿ 7–9 ⬆ 130 ⬌ 130

Couleur des fleurs : En fonction du pH, du rose violet au bleu azur.
Forme des fleurs : Boules ; inflorescences presque parfaitement sphériques avec de grandes fleurs simples.
Feuillage : Vert clair à vert moyen, ovale, bord denté.
Caractéristiques : Variété assez ancienne à croissance rapide qui compte toujours parmi les meilleures. Elle fleurit aussi en partie sur le bois de l'année.
Utilisation : Isolé, en groupe, dans une plate-bande, en pot.
Entretien : S'épanouit de façon optimale à un emplacement protégé. En cas d'exposition au soleil direct ou de sécheresse,

'Bouquet Rose' est une variété ancienne qui a gagné sa notoriété pour sa résistance au froid.

Avec 'Endless Summer', les botanistes ont réussi une belle avancée, car cette variété fleurit aussi sur les rameaux de l'année et surmonte ainsi les dégâts dus au gel.

arroser abondamment. Ne pas rabattre au printemps, enlever seulement les fleurs fanées.
Résistance au froid : Bonne, parmi les plus résistantes.
Variété approchante :
• 'Mme René Bossard' : Moins résistante au froid.

'Elbtal'

●–◑ ✿ 7–9 ⬆ 100 ⬌ 100

Couleur des fleurs : En fonction du pH, du rose violet au bleu clair éclatant.
Forme des fleurs : Boules ; grandes inflorescences sphériques. Sépales aux bords dentelés, presque comme les œillets.
Feuillage : Vert moyen, ovale, bord fortement denté. Nervures très apparentes.
Caractéristiques : Variété compacte à croissance volontaire et rapide.
Utilisation : Isolé, en groupe, dans une plate-bande, en pot.
Entretien : S'épanouit de façon optimale à un emplacement protégé, sans soleil direct. En cas de sécheresse, arroser suffisamment. Ne pas rabattre au printemps, enlever seulement les fleurs fanées.
Résistance au froid : Satisfaisante à bonne.
Variété approchante :
• 'Lancelot' : Pétales ondulés.

'Endless Summer'

○–◑ ✿ 7–10 ⬆ 150 ⬌ 180

Couleur des fleurs : En fonction du pH, du bleu au rose.
Forme des fleurs : Grandes fleurs boules d'un diamètre pouvant atteindre 20 cm.
Feuillage : Vert moyen, large ovale, imposant.
Caractéristiques : Cette nouvelle variété se distingue par le fait qu'elle fleurit aussi en partie sur les pousses de l'année, une caractéristique appréciable qui la différencie des hortensias à grandes feuilles classiques.
Utilisation : Isolé, en groupe, dans une plate-bande, en pot. Par sa hauteur, il a sa place en arrière-plan. Très florifère.
Entretien : S'épanouit de façon optimale à un emplacement protégé. En cas d'exposition au soleil direct ou de sécheresse, arroser abondamment. Ne pas rabattre au printemps, enlever seulement les fleurs fanées.

Résistance au froid : Bonne.
Variété approchante :
• 'Endless Summer – The Bride' : Variété avec les mêmes propriétés, mais à fleurs blanches.

'Générale Vicomtesse de Vibraye'

○–◑ ✿7–10 ⬆200 ⬌150

Couleur des fleurs : En fonction du pH, du rose vif au bleu clair ; couleur marquée.
Forme des fleurs : Boules parfaites ; grandes inflorescences de 16 à 20 cm de diamètre ; floraison très homogène.
Feuillage : Vert foncé, ovale, bord denté, surface foliaire légèrement vermiculée.
Caractéristiques : Variété à forte croissance, buissonnante, pousse plus en hauteur qu'en largeur. Les branches, longues et souples, lui donnent un air naturel et désordonné.
Utilisation : Isolé, en groupe, dans une plate-bande, en pot. Du fait de sa hauteur, se prête également à une position en arrière-plan. Très florifère.
Entretien : S'épanouit de façon optimale à un emplacement protégé. En cas d'exposition au soleil direct ou de sécheresse, arroser abondamment. Ne pas rabattre au printemps, enlever seulement les fleurs fanées.
Résistance au froid : Bonne.
Variété approchante :
• '*Hydrangea macrophylla Rosea*' : Un peu plus sombre.

Avec le sol adéquat, les fleurs de 'Générale Vicomtesse de Vibraye' bleuissent.

Conseil

La plupart des hortensias macrophylla ne fleurissaient que sur le vieux bois, le bois de l'année précédente. La variété nouvelle **'Endless Summer'** fleurit aussi sur les pousses fraîches de l'année. Toutes les 6 semaines environ, de nouveaux bourgeons apparaissent qui vont s'ouvrir dès l'été.

'Hambourg'

●–◑ ✿7–9 ⬆150 ⬌150

Couleur des fleurs : En fonction du pH, du fuchsia vif à indigo ; couleur intense.
Forme des fleurs : En boules ; pas particulièrement grandes, les fleurs simples aussi sont petites. Très florifère, floraison homogène. Fleurs simples serrées et qui se chevauchent beaucoup.
Feuillage : Vert foncé, ovale étroit, légèrement lustré, bord denté.
Caractéristiques : Variété à très forte croissance, densément buissonnante, pousse en général plus en largeur qu'en hauteur.

'Hambourg', extrêmement volontaire et florifère

Utilisation : Isolé, en groupe, dans une plate-bande, en pot.
Entretien : S'épanouit de façon optimale à un emplacement protégé sans soleil direct. En cas de sécheresse, arroser suffisamment. Ne pas rabattre au printemps, enlever seulement les fleurs fanées.
Résistance au froid : Satisfaisante.
Variété approchante :

- 'Altona', sa petite sœur.

'Heinrich Seidel'

●–◑ ✿7–9 ⬆150 ⬌150

Couleur des fleurs : Rose carminé vif, rose violacé en cas de pH bas ; de loin, bel effet des fleurs.
Forme des fleurs : Boules, inflorescences vraiment grandes, floraison homogène ; fleurs simples arrondies à bords ondulés.
Feuillage : Vert moyen, ovale, bord denté, surface foliaire vermiculée.
Caractéristiques : Variété à la croissance vigoureuse, densément buissonnante, pousse en général autant en largeur qu'en hauteur.
Utilisation : Isolé, en groupe, dans une plate-bande, en pot.
Entretien : S'épanouit de façon optimale à un emplacement protégé sans soleil direct. En cas de sécheresse, arroser suffisamment. Ne pas rabattre au printemps, enlever seulement les fleurs fanées.
Résistance au froid : Satisfaisante à bonne.

'Hörnli'

●–◑ ✿7–9 ⬆100 ⬌100

Couleur des fleurs : Rose bonbon vif ; variété aux couleurs intenses.
Forme des fleurs : Boules ; inflorescences de taille moyenne, floraison homogène ; fleurs simples arrondies.
Feuillage : Vert foncé, ovale, bord denté.

'Heinrich Seidel' est une variété qui fleurit magnifiquement dans un rose carmin vif, en présence d'un pH un peu élevé.

Caractéristiques : Variété à faible croissance, densément buissonnante, pousse en général légèrement plus en largeur qu'en hauteur.
Utilisation : Isolé, en groupe, dans une plate-bande, en pot.
Entretien : S'épanouit de façon optimale à un emplacement protégé sans soleil direct. En cas de sécheresse, arroser suffisamment. Ne pas rabattre au printemps, enlever seulement les fleurs fanées.
Résistance au froid : Bonne.
Variété approchante :
- 'Pia' : Rose plus bleuté.

'Leuchtfeuer'

●–◑ ✿ 7–9 ⬆ 120 ⬌ 120

Couleur des fleurs : Rose bonbon éclatant ; couleur très vive.
Forme des fleurs : Boules ; inflorescences aplanies, floraison homogène.
Feuillage : Vert foncé, ovale large, denté, surface lustrée.
Caractéristiques : Variété à croissance vigoureuse, buissonnante, pousse en général autant en largeur qu'en hauteur. Cultivée en Allemagne, elle s'est vite imposée chez nous.
Utilisation : Isolé, en groupe, dans une plate-bande.
Entretien : S'épanouit de façon optimale à un emplacement protégé sans soleil direct. En cas de sécheresse, arroser suffisamment. Ne pas rabattre au printemps, enlever seulement les fleurs fanées.
Résistance au froid : Satisfaisante.

'Leuchtfeuer', une variété particulièrement adaptée à la culture en pot

'Mars'

●–◑ ✿ 7–9 ⬆ 100 ⬌ 120

Couleur des fleurs : Rose bonbon éclatant avec un liseré blanc ; couleur voyante et surprenante.
Forme des fleurs : Boules ; inflorescences sphériques, fleurs simples grandes et serrées.
Feuillage : Vert foncé, ovale large, bord denté.

Ce sont les fleurs bicolores de 'Mars' qui font l'intérêt de cette variété, qui se prête plutôt à une culture en pot.

'Nymphe' possède des fleurs légèrement dentelées d'un blanc pur.

Caractéristiques : Variété à croissance compacte, densément buissonnante.
Utilisation : Isolé, en groupe, dans une plate-bande. Bien adapté à la culture en pot.
Entretien : S'épanouit de façon optimale à un emplacement protégé sans soleil direct. Sélectionnée pour l'effet produit par ses fleurs. En cas de sécheresse, arroser suffisamment. Ne pas rabattre au printemps, enlever seulement les fleurs fanées.
Résistance au froid : Suffisante dans des conditions hivernales normales.
Variété approchante :
• 'Bavaria' : En fonction du pH, fleurs de couleur rose à bleu ciel avec un liseré blanc. Meilleure résistance au froid.

'Mme Émile Moullière' (= 'Émile Mouillère', 'Jumbo', 'Sedgwick's White', 'Tornado')

●–◑ ✿ 7–10 ⬆ 150 ⬌ 150

Couleur des fleurs : Blanches, parfois mâtinées de rosé.
Forme des fleurs : Boules ; inflorescences presque sphériques avec des fleurs simples serrées ; bords dentelés.
Feuillage : Vert moyen, ovale, bord fortement denté.
Caractéristiques : Variété ancienne à croissance rapide qui est toujours d'actualité. Contrairement à la plupart des autres variétés d'*H. macrophylla*, elle fleurit aussi en partie sur le bois de l'année.
Utilisation : Isolé, en groupe, dans une plate-bande, en pot.
Entretien : S'épanouit de façon optimale à un emplacement protégé sans soleil direct. En cas de sécheresse, arroser suffisamment. Ne pas rabattre au printemps, enlever seulement les fleurs fanées.
Résistance au froid : Bonne, fait partie des variétés les plus résistantes au froid.
Variété approchante :
• 'Sœur Thérèse' : Ombelles tassées blanc pur ; croissance faible, ne dépasse pas 1 m de haut.

'Nymphe'

●–◑ ✿ 7–9 ⬆ 120 ⬌ 120

Couleur des fleurs : Blanc pur rosissant en fin de floraison.
Forme des fleurs : Boules ; grandes inflorescences ; sépales nettement dentelés.
Feuillage : Vert foncé, ovale large, bord denté.
Caractéristiques : Petite variété à croissance rapide, densément buissonnante, ramification très équilibrée, pousse en général plus en largeur qu'en hauteur.
Utilisation : Isolé, en groupe, dans une plate-bande, en pot.
Entretien : S'épanouit de façon optimale à un emplacement protégé sans soleil direct. En cas de sécheresse, arroser suffisamment. Ne pas rabattre au printemps, enlever seulement les fleurs fanées.
Résistance au froid : Satisfaisante.

'Otaksa'

○–◑ ✿ 7–10 ⬆ 100 ⬌ 120

Couleur des fleurs : En fonction du pH, du tout à fait rosé à un bleu blanchâtre ; une variété à l'effet discret. Jeunes fleurs intérieures vert pâle.

Forme des fleurs : Boules ; inflorescences légèrement aplaties et grandes, floraison homogène. Fleurs simples arrondies, pas complètement ouvertes.
Feuillage : Vert foncé avec des nervures plus claires, ovale, bord denté.
Caractéristiques : Variété à faible croissance, buissonnante, pousse en général plus en largeur qu'en hauteur.
Utilisation : Isolé, en groupe, dans une plate-bande, en pot.
Entretien : S'épanouit de façon optimale à un emplacement protégé. En cas d'exposition au soleil direct ou de sécheresse, arroser abondamment. Ne pas rabattre au printemps, enlever seulement les fleurs fanées.
Résistance au froid : Bonne, parmi les plus résistantes.
Variété approchante :
• 'Nigra' : Boules de fleurs bleu clair sur tiges noires.

'Pia'

●–◑ ✿ 7–9 ⬆ 50 ⬌ 60

Couleur des fleurs : Rose pur ; fort éclat.
Forme des fleurs : Boules, ombelles aplanies ; fleurs simples de petite taille.
Feuillage : Vert moyen, ovale large, bord en dents de scie.
Caractéristiques : Variété naine compacte. Densément buissonnant.
Utilisation : Isolé, en groupe, dans une plate-bande, en pot.
Entretien : S'épanouit de façon optimale à un emplacement protégé sans soleil direct. En cas de sécheresse, arroser suffisamment. Ne pas rabattre au printemps, enlever seulement les fleurs fanées.
Résistance au froid : Suffisante, mais en hiver, de préférence en pot à l'abri du gel.

'Renate Steiniger'

●–◑ ✿ 7–10 ⬆ 150 ⬌ 120

Couleur des fleurs : En fonction du pH, du rose vif au bleu, presque bleu foncé ; coloration bleue presque inégalée.
Forme des fleurs : Boules, légèrement aplaties ; inflorescences de taille moyenne, floraison homogène. Fleurs simples arrondies et serrées.
Feuillage : Vert foncé, ovale, bord denté.
Caractéristiques : Variété à faible croissance, densément buissonnante.
Utilisation : Isolé, en groupe, dans une plate-bande, en pot.
Entretien : S'épanouit de façon optimale à un emplacement protégé sans soleil direct. En cas de sécheresse, arroser suffi-

'Otaksa' fait partie des « anciens ». Il est l'un des premiers arrivés en Europe et s'est vite imposé.

'Renate Steiniger' fait partie des variétés à faible croissance.

samment. Ne pas rabattre au printemps, enlever seulement les fleurs fanées.
Résistance au froid : Satisfaisante.
Variété approchante :
- 'Maréchal Foch' : Fleurs bleues qui tirent vers le lilas.

'Schneeball'

●–◑ ✿ 7–10 ⬆ 130 ⬌ 150

Couleur des fleurs : Blanc pur absolument limpide en pleine floraison ; bourgeons vert pâle qui fleurissent blancs.
Forme des fleurs : Boules ; inflorescences de taille moyenne, floraison homogène. Fleurs simples arrondies aux contours dentelés comme des œillets.
Feuillage : Vert foncé, ovale large, bord denté.
Caractéristiques : Variété vigoureuse, pousse en général plus en largeur qu'en hauteur.
Utilisation : Isolé, en groupe, dans une plate-bande, en pot.
Entretien : S'épanouit de façon optimale à un emplacement protégé sans soleil direct. En cas de sécheresse, arroser suffisamment. Ne pas rabattre au printemps, enlever seulement les fleurs fanées.
Résistance au froid : Satisfaisante.

'Schöne Bautznerin'

●–◑ ✿ 7–10 ⬆ 150 ⬌ 200

Couleur des fleurs : Rouges à l'éclosion, rose foncé vif une fois complètement ouvertes. Reste fleuri très longtemps.
Forme des fleurs : Boules, légèrement aplaties ; grandes inflorescences ; floraison homogène. Fleurs simples arrondies.
Feuillage : Vert foncé, ovale, bord denté.
Caractéristiques : Variété à forte croissance.

Les sépales de 'Schneeball' font un peu penser à des œillets. Il est très vigoureux à un endroit protégé.

Utilisation : Isolé, en groupe, dans une plate-bande, en pot.
Entretien : S'épanouit de façon optimale à un emplacement protégé sans soleil direct. En cas de sécheresse, arroser suffisamment. Ne pas rabattre au printemps, enlever seulement les fleurs fanées.
Résistance au froid : Satisfaisante.
Variété approchante :
• 'Green Shadow' : Rouge bourgogne à l'éclosion, rose foncé plus tard.

La variété 'Schöne Bautznerin' éblouit par ses boules très compactes et denses composées de petites fleurs simples. Elle ne bleuit pas dans un sol à pH bas.

'Tovelit'

◐–◑ ✿ 7–9 ⬆ 80 ⬌ 100

Couleur des fleurs : En fonction du pH, du rose pur au bleu améthyste clair.
Forme des fleurs : Boules ; inflorescences de petite taille. Forme quelque peu irrégulière. Les fleurs simples se distinguent par leurs pétales pointus mais pas frisés.
Feuillage : Vert moyen, ovale étroit, bord denté.
Caractéristiques : Variété à faible croissance. Assez peu florifère les premières années. Très florifère par la suite.
Utilisation : Isolé, en groupe, dans une plate-bande, en pot.
Entretien : S'épanouit de façon optimale à un emplacement protégé sans soleil direct. En cas de sécheresse, arroser suffisamment. Ne pas rabattre au printemps, enlever seulement les fleurs fanées.
Résistance au froid : Suffisante.

'You and Me Romance'

○–◑ ✿ 6–9 ⬆ 100 ⬌ 120

Couleur des fleurs : En fonction du pH, du rose pur au bleu azur clair.
Forme des fleurs : Ombelles hémisphériques. S'ouvrent lentement, ce qui les fait ressembler dans un premier temps à des hortensias plats/Teller. Fleurs simples grandes et pleines, pétales oblongs.
Feuillage : Vert clair, de taille moyenne, ovale, bord denté.
Caractéristiques : Variété à la croissance vigoureuse mais compacte, buissonnante. Appréciable pour sa floraison précoce et sa très bonne résistance au gel.
Utilisation : Isolé, en groupe, dans une plate-bande, en pot.

Les petites fleurs de 'You and Me Romance' ressemblent à des nénuphars et se colorent en rose dans un substrat neutre à alcalin.

Si le pH du substrat baisse, les fleurs prennent une couleur qui tend vers le bleu. Dans un sol légèrement acide, les fleurs seront violettes.

S'adapte aussi très bien à un emplacement ensoleillé à condition que le sol soit suffisamment humide.
Entretien : S'épanouit de façon optimale à un emplacement protégé. En cas d'exposition au soleil direct ou de sécheresse, arroser abondamment. Ne pas rabattre au printemps, enlever seulement les fleurs fanées.
Résistance au froid : Bonne.
Variétés approchantes :

- 'You and Me Forever' : Fleurs pleines qui ressemblent à des petites roses.
- 'You and Me Eternity' : Fleurs pleines particulièrement grandes.
- 'You and Me Passion' : Fleurs pleines très serrées.

Variétés à inflorescences plates

Ce sont les variétés Teller ou Lacecaps.

'Bläuling'

●–◑ ✿ 7–9 ⬆ 80 ⬌ 100

Couleur des fleurs : En fonction du pH, du rose vif au bleu clair.
Forme des fleurs : Teller, plates, fleurs stériles périphériques aux pétales arrondis ; ombelles compactes.

'Bläuling', une variété Teller classique d'un bleu clair intense dans un sol acide

Les fleurs périphériques stériles de 'Blaumeise' ont un œil de couleur claire.

Feuillage : Vert foncé, ovale, légèrement lustré, bord denté.
Caractéristiques : Variété à la croissance relativement lente, densément buissonnante.
Utilisation : Isolé, en groupe, dans une plate-bande, en pot.
Entretien : S'épanouit de façon optimale à un emplacement protégé sans soleil direct, supporte toutefois un ensoleillement modéré. En cas de sécheresse, arroser suffisamment. Ne pas rabattre au printemps, enlever seulement les fleurs fanées.
Résistance au froid : Bonne.

'Blaumeise'

●–◑ ✿ 7–9 ⬆ 80 ⬌ 100

Couleur des fleurs : En fonction du pH, du rose fuchsia vif à indigo ; couleur intense.
Forme des fleurs : Teller, plates ; fleurs stériles périphériques aux sépales arrondis.
Feuillage : Vert moyen, ovale étroit, légèrement lustré, bord denté.
Caractéristiques : Variété à la croissance relativement lente, densément buissonnante. Pousse en général plus en largeur qu'en hauteur. Allure élégante.
Utilisation : Isolé, en groupe, dans une plate-bande, en pot.
Entretien : S'épanouit de façon optimale à un emplacement protégé sans soleil direct, supporte toutefois un ensoleillement modéré. En cas de sécheresse, arroser suffisamment. Ne pas rabattre au printemps, enlever seulement les fleurs fanées.
Résistance au froid : Satisfaisante.
Variété approchante :
- 'Zaunkönig' : Rose bonbon.

Ses fleurs périphériques pleines presque en étoiles donnent à 'Étoile violette' un aspect décoratif.

'Étoile violette'

○–◑ ✿ 7–9 ⬆ 120 ⬌ 150

Couleur des fleurs : En fonction du pH, du rose vif à indigo.
Forme des fleurs : Teller, plates ; fleurs stériles périphériques aux sépales grands et arrondis. Les fleurs périphériques sont doubles et donnent aux ombelles une allure singulière.
Feuillage : Vert moyen, grand, ovale large, légèrement lustré, bord légèrement dentelé seulement.
Caractéristiques : Croissance compacte, densément buissonnant. Pousse en général plus en largeur qu'en hauteur. Allure générale élégante grâce à sa floraison aérée.
Utilisation : Isolé, en groupe, dans une plate-bande, en pot.
Entretien : S'épanouit de façon optimale à un emplacement protégé sans soleil direct, supporte toutefois un fort ensoleillement. En cas de sécheresse, arroser suffisamment. Ne pas rabattre au printemps, enlever seulement les fleurs fanées.
Résistance au froid : Satisfaisante.

'Hanabi'

●–◑ ✿ 7–9 ⬆ 120 ⬌ 130

Couleur des fleurs : Fleurs stériles périphériques blanc pur, cœur bleu clair.
Forme des fleurs : Teller ; structure très filigranée, fleurs stériles du pourtour doubles.

Les fleurs périphériques de 'Hanabi' sont elles aussi pleines, mais elles font plutôt penser à de petits nénuphars. Un cultivar élégant blanc pur qui vient du Japon.

Feuillage : Vert moyen, ovale pointu, légèrement lustré.
Caractéristiques : Variété à la croissance relativement lente, silhouette aérée et élégante, pousse en général plus en largeur qu'en hauteur.
Utilisation : Isolé, en groupe, dans une plate-bande, en pot.
Entretien : S'épanouit de façon optimale à un emplacement protégé sans soleil direct. En cas de sécheresse, arroser suffisamment. Ne pas rabattre au printemps, enlever seulement les fleurs fanées.
Résistance au froid : Médiocre, mais variété appréciable pour la forme inhabituelle de ses fleurs.
Variété approchante :
• 'Hakucho' : Petites ombelles avec très peu de fleurs.

Les fleurs bleu clair intérieures et les fleurs blanches périphériques de 'Lanarth White' s'harmonisent très élégamment.

'Lanarth White'

○–◑ ✿ 7–9 ⬆ 120 ⬌ 120

Couleur des fleurs : Blanc pur ; bourgeons verts, fleurs fertiles bleu clair.
Forme des fleurs : Teller, plates ; fleurs stériles périphériques aux pétales pointus.
Feuillage : Vert moyen, ovale étroit, lustré, bord denté.
Caractéristiques : Variété à la croissance relativement lente, densément buissonnante, pousse en général plus en largeur qu'en hauteur. Aspect général élégant.
Utilisation : Isolé, en groupe, dans une plate-bande, en pot.
Entretien : S'épanouit de façon optimale à un emplacement protégé sans soleil direct, supporte toutefois un fort ensoleillement. En cas de sécheresse, arroser suffisamment. Ne pas rabattre au printemps, enlever seulement les fleurs fanées.
Résistance au froid : Bonne, fait partie des variétés les plus résistantes parmi les hortensias Teller.
Variété approchante :
• 'Maritima' : Inflorescences plus petites.

'Lemon Wave'

●–◑ ✿ 7–9 ⬆ 120 ⬌ 130

Couleur des fleurs : En fonction du pH, du rosé au bleu délavé.
Forme des fleurs : Teller, plates ; fleurs stériles périphériques aux pétales arrondis. Ombelles aérées.
Feuillage : Vert moyen, ovale, légèrement lustré avec un contour jaunâtre net.

Caractéristiques : Variété à la croissance relativement lente et aérée, pousse en général plus en largeur qu'en hauteur. Allure générale élégante et remarquable pour sa panachure.
Utilisation : Isolé, en groupe, dans une plate-bande, en pot.
Entretien : S'épanouit de façon optimale à un emplacement protégé sans soleil direct, supporte toutefois un fort ensoleillement. En cas de sécheresse, arroser suffisamment. Ne pas rabattre au printemps, enlever seulement les fleurs fanées.
Résistance au froid : Assez bonne.

'Mariesii Lilacina' est une variété ancienne. Elle a été créée en France en 1903.

'Libelle'

●–◑ ✿ 7–9 ⬆ 100 ⬌ 120

Couleur des fleurs : Fleurs stériles périphériques blanches comme neige ; fleurs fertiles rouge violacé ou bleues.
Forme des fleurs : Teller, plates ; fleurs stériles du pourtour aux pétales grands et arrondis.
Feuillage : Vert foncé, ovale, légèrement lustré, bord denté. Nervures très marquées.
Caractéristiques : Variété à la croissance relativement lente, densément buissonnante, pousse en général plus en largeur qu'en hauteur. Allure élégante.
Utilisation : Isolé, en groupe, dans une plate-bande, en pot.
Entretien : S'épanouit de façon optimale à un emplacement protégé sans soleil direct, supporte toutefois un fort ensoleillement. En cas de sécheresse, arroser suffisamment. Ne pas rabattre au printemps, enlever seulement les fleurs fanées.
Résistance au froid : Satisfaisante.

'Mariesii Lilacina' (= 'Lilacina')

●–◑ ✿ 7–9 ⬆ 100 ⬌ 100

Couleur des fleurs : En fonction du pH, de rose à indigo ; fleurs fertiles intérieures : violet un peu plus foncé.
Forme des fleurs : Teller, plates, fleurs stériles périphériques aux sépales pointus et dentelés. Structure des ombelles très aérée.
Feuillage : Vert clair, ovale étroit, légèrement lustré, bord denté.
Caractéristiques : Variété à la croissance relativement lente et aérée, pousse en général plus en largeur qu'en hauteur.
Utilisation : Isolé, en groupe, dans une plate-bande, en pot.
Entretien : S'épanouit de façon optimale à un emplacement protégé sans soleil direct, supporte toutefois un fort ensoleillement. En cas de sécheresse, arroser suffisamment. Ne pas rabattre au printemps, enlever seulement les fleurs fanées.
Résistance au froid : Satisfaisante.
Variété approchante :
- 'Belzonii' : Fleurs périphériques petites et bleu blanchâtre ; fleurs bleu ciel intérieures visibles, bourgeons vert clair. Variété à forte croissance.

'Mariesii Perfecta' est généralement vendu dans les pépinières sous le nom de 'Blue Wave'. Ses fleurs périphériques sont plus grandes que celles de 'Mariesii Lilacina'.

'Mariesii Perfecta' (= 'Blue Wave')

●–◑ ✿ 7–9 ⬆ 120 ⬌ 150

Couleur des fleurs : En fonction du pH, du rose au bleu clair ; bel effet de loin.
Forme des fleurs : Corymbiformes ; fleurs fertiles intérieures plus foncées que les fleurs stériles périphériques. Inflorescences étagées.
Feuillage : Vert foncé, ovale, nervures marquées, bord denté.
Caractéristiques : Variété à bonne croissance, buissonnante, pousse en général plus en largeur qu'en hauteur.
Utilisation : Isolé, en groupe, dans une plate-bande, en pot.
Entretien : S'épanouit de façon optimale à un emplacement protégé sans soleil direct. En cas de sécheresse, arroser suffisamment. Ne pas rabattre au printemps, enlever seulement les fleurs fanées.
Résistance au froid : Satisfaisante.

'Messalina'

●–◑ ✿ 7–9 ⬆ 100 ⬌ 120

Couleur des fleurs : Rose pur chaud.
Forme des fleurs : Teller ; corolle double de fleurs stériles en périphérie, sépales arrondis.
Feuillage : Vert moyen, ovale, légèrement lustré, bord denté.
Caractéristiques : Variété à la croissance relativement lente, densément buissonnante, pousse en général plus en largeur qu'en hauteur ; croissance limitée et compacte. Allure générale élégante.
Utilisation : Isolé, en groupe, dans une plate-bande, en pot.
Entretien : S'épanouit de façon optimale à un emplacement protégé sans soleil direct, supporte toutefois un fort ensoleillement. En cas de sécheresse, arroser suffisamment. Ne pas rabattre au printemps, enlever seulement les fleurs fanées.
Résistance au froid : Satisfaisante.

'Messalina' se distingue par la douceur du rose de ses fleurs.

Variété approchante :

• 'Mousmée' : Rose avec un reflet bleuâtre.

'Tricolor'

●–◑ ✿ 7–9 ⬆ 150 ⬌ 150

Couleur des fleurs : En fonction du pH, du rose pâle au blanc ; fleurs intérieures plus foncées.
Forme des fleurs : Teller, plates ; fleurs stériles périphériques aux pétales arrondis. Fleurs simples petites mais grandes ombelles.
Feuillage : Vert moyen avec un contour jaune, ovale, légèrement lustré, bord denté.
Caractéristiques : Variété à croissance vigoureuse, densément buissonnante, pousse en général plus en largeur qu'en hauteur. Allure générale élégante. Bel effet dû à son feuillage panaché.
Utilisation : Isolé, en groupe, dans une plate-bande, en bac.
Entretien : S'épanouit de façon optimale à un emplacement protégé sans soleil direct, supporte toutefois un fort ensoleillement. En cas de sécheresse, arroser suffisamment. Ne pas rabattre au printemps, enlever seulement les fleurs fanées.
Résistance au froid : Satisfaisante.

Variété approchante :

• 'Quadricolor' : Coloration des feuilles encore plus vive.

'Veitchii'

○–◑ ✿ 7–9 ⬆ 180 ⬌ 200

Couleur des fleurs : Blanc crème, verdâtres dans le bourgeon.
Forme des fleurs : Teller, plates ; fleurs stériles périphériques aux pétales grands et arrondis.

La particularité de 'Tricolor' réside dans la panachure blanche de son feuillage, qui s'accorde très bien avec ses fleurs presque blanches.

Feuillage : Vert moyen, très grand, ovale large, légèrement lustré, bord denté.
Caractéristiques : Croissance vigoureuse, densément buissonnant, très ramifiant, pousse en général plus en largeur qu'en hauteur. Allure générale élégante du fait de sa floraison aérée. Variété ancienne mais qui a toujours une place importante.
Utilisation : Isolé, en groupe, dans une plate-bande, en pot.

Entretien : S'épanouit de façon optimale à un emplacement protégé sans soleil direct. En cas de sécheresse, arroser suffisamment. Ne pas rabattre au printemps, enlever seulement les fleurs fanées.
Résistance au froid : Bonne, compte parmi les variétés les plus résistantes.
Variété approchante :
• 'Fireflame' : Feuilles étroites, fleurs intérieures bleu clair.

Forme et coloration des fleurs dans un substrat acide

Variété	Forme	Coloration
'Ayesha'	Boule	Rose violacé à lilas
'Bela'	Boule	Bleu clair, bleu ciel vif
'Bouquet Rose'	Boule	Bleu azur limpide
'Elbtal'	Boule	Bleu clair vif
'Endless Summer'	Boule	Bleu clair pur, bleu ciel
'Générale Vicomtesse de Vibraye'	Boule	Bleu clair très vif
'Hambourg'	Boule	Indigo éclatant
'Otaksa'	Boule	Bleuté
'Renate Steiniger'	Boule	Bleu vif, presque foncé
'Tovelit'	Boule	Lilas pur, améthyste
'You And Me Romance'	Boule	Bleu azur
'Bläuling'	Teller	Bleu clair vif
'Blaumeise'	Teller	Indigo, presque bleu foncé
'Étoile violette'	Teller	Indigo tendre
'Lemon Wave'	Teller	Bleu clair délavé
'Mariesii Lilacina'	Teller	Indigo
'Mariesii Perfecta'	Teller	Bleu clair éclatant

Formes d'*Hydrangea serrata*

À l'instar d'*H. macrophylla*, l'*Hydrangea serrata* vient du Japon, à l'exception de sa variante *koreana* qui, elle, est originaire de Corée. Il ressemble beaucoup à l'*H. macrophylla* **Lacecaps** ou **Teller** (à fleurs plates), mais il est beaucoup **plus menu à tous points de vue**. Les hauteurs qu'il atteint sont inférieures de 30 à 50 cm en moyenne par rapport aux variétés macrophylla. *H. serrata* classique tend facilement à former des stolons courts, c'est encore plus marqué chez certaines sous-espèces. *Hydrangea serrata* a les mêmes exigences en matière d'exposition, cela étant il préfère nettement les emplacements semi-ombragés. Au soleil, son feuillage grille très facilement et ses contours brunissent de manière peu esthétique. Sa résistance au gel en revanche est nettement supérieure à celle de *H. macrophylla*, c'est pourquoi cette espèce mérite d'être préférée dans les régions aux hivers froids.
La floraison des variétés serrata précède de deux à trois semaines celle des variétés macrophylla.

Avec ses courts stolons, *Hydrangea serrata* var. *koreana* s'étale progressivement, sans jamais devenir envahissant.

Hydrangea serrata var. *koreana*

●–◑ ✿6–9 ⬆60 ⬌120

Couleur des fleurs : En fonction du pH, fleurs stériles périphériques du rose au bleu ciel, fleurs fertiles intérieures plus foncées.
Forme des fleurs : Teller, plates ; fleurs stériles périphériques aux pétales relativement grands. Ombelles compactes.
Feuillage : Vert clair, ovale étroit, bord denté. Nervures très marquées.
Caractéristiques : Variété au port particulièrement bas et buissonnante. Avec les ans, pousse beaucoup plus en largeur qu'en hauteur. S'étale lentement en formant des stolons.
Utilisation : Isolé, en groupe, dans une plate-bande, en pot, pour végétaliser des surfaces.
Entretien : S'épanouit de façon optimale à un emplacement protégé sans soleil direct, supporte toutefois un fort ensoleillement. En cas de sécheresse, arroser suffisamment. Ne pas rabattre au printemps, enlever seulement les fleurs fanées.
Résistance au froid : Excellente, originaire des régions montagneuses de Corée.

'Bluebird'

●–◑ ✿7–10 ⬆120 ⬌150

Couleur des fleurs : En fonction du pH, du rose pur au bleu ciel ; les fleurs intérieures sont un peu plus foncées.
Forme des fleurs : Teller, plates ; fleurs stériles périphériques aux pétales grands et losangés. Ombelles compactes.
Feuillage : Vert clair à vert moyen, ovale, bord denté. Nervures très marquées.
Caractéristiques : Variété rustique, s'étale avec les ans. Allure générale élégante grâce à son port aéré et étagé.
Utilisation : Isolé, en groupe, dans une plate-bande, en pot.
Entretien : S'épanouit de façon optimale à un emplacement protégé sans soleil direct. En cas de sécheresse, arroser suffisamment. Ne pas rabattre au printemps, enlever seulement les fleurs fanées.
Résistance au froid : Bonne.
Variété approchante :
- 'Woodlanders' : Développement plus faible, ombelles très ressemblantes à celles de 'Bluebird'.

'Bluebird', une variété d'*Hydrangea serrata* au port particulièrement équilibré

'Golden Sunlight'

●–◑ ✿6–9 ⬆60 ⬌80

Couleur des fleurs : Fleurs stériles périphériques blanches à blanc crème, fleurs intérieures rose bonbon.
Forme des fleurs : Teller, plates ; pétales dentelés comme ceux des œillets.
Feuillage : De jaune à vert-jaune, ovale, bord denté. Nervures très marquées. Couleur de feuillage inhabituelle.
Caractéristiques : Variété qui pousse peu, au feuillage d'une couleur rare. En revanche, ses fleurs sont assez peu spectaculaires.
Utilisation : Isolé, en groupe, dans une plate-bande, en pot.
Entretien : S'épanouit de façon optimale à un emplacement protégé sans soleil direct. En cas de sécheresse, arroser suffisamment. Ne pas rabattre au printemps, enlever seulement les fleurs fanées.
Résistance au froid : Bonne.

'Impératrice Eugénie'

●–◑ ✿7–9 ⬆120 ⬌150

Couleur des fleurs : En fonction du pH, fleurs stériles périphériques bleu clair ou rose blanchâtre ; fleurs fertiles violettes.
Forme des fleurs : Teller, plates ; fleurs stériles périphériques aux sépales grands et arrondis. Ombelles relativement petites.
Feuillage : Vert foncé, ovale large, lustré, bord denté.
Caractéristiques : Variété à croissance vigoureuse, buissonnante, pousse en général plus en largeur qu'en hauteur. Ombelles petites mais nombreuses.
Utilisation : Isolé, en groupe, dans une plate-bande, en pot.
Entretien : S'épanouit de façon optimale à un emplacement protégé sans soleil direct. En cas de sécheresse, arroser suffisamment. Ne pas rabattre au printemps, enlever seulement les fleurs fanées.
Résistance au froid : Bonne.
Variétés approchantes :
- 'Thunbergii' : Ombelles encore plus menues, jolie coloration automnale rouge bordeaux, jusqu'à 1 m de hauteur.
- *H. serrata* f. *yezoensis :* Forme sauvage aux fleurs stériles périphériques en forme d'étoile, jusqu'à 90 cm de hauteur.

Un hybride d'*Hydrangea macrophylla* : *H. serrata* 'Preziosa'

'Preziosa'

●–◑ ✿ 7–9 ⬆ 125 ⬌ 150

Couleur des fleurs : Du rose pâle au rose pur, deviennent lilas-améthyste en fanant.
Forme des fleurs : Compactes, presque en boules, inhabituelle pour les serrata.
Feuillage : Très foncé, ovale large, légèrement lustré, bord denté. Nervures très marquées.
Caractéristiques : Variété à croissance relativement lente, densément buissonnante, pousse en général plus en largeur qu'en hauteur. Cette variété est probablement née d'un croisement avec une variété macrophylla, d'où les ombelles des fleurs presque en boules. Se laisse assez facilement concurrencer, ne pas planter trop près de plantes ligneuses à forte croissance.
Utilisation : Isolé, en groupe, dans une plate-bande, en pot.
Entretien : S'épanouit de façon optimale à un emplacement protégé sans soleil direct, supporte toutefois un fort ensoleillement. En cas de sécheresse, arroser suffisamment. Ne pas rabattre au printemps, enlever seulement les fleurs fanées.
Résistance au froid : Bonne.
Variété approchante :
- 'Belladonna' : Ombelles hémisphériques ressemblantes à celles de 'Preziosa' mais plus menues. Floraison plus précoce, jusqu'à 75 cm de hauteur.

'Prolifera'

●–◑ ✿ 6–8 ⬆ 75 ⬌ 100

Couleur des fleurs : En fonction du pH du sol, roses ou bleu clair.
Forme des fleurs : Teller, plates ; fleurs périphériques stériles pleines. Fleurs simples en petit nombre sur les ombelles.
Feuillage : Vert clair, ovale étroit, bord denté. Nervures très marquées, surface vermiculée.
Caractéristiques : Variété à croissance lente, port souple, pousse en général plus en largeur qu'en hauteur.
Utilisation : Isolé, en groupe, dans une plate-bande, en pot.
Entretien : S'épanouit de façon optimale à un emplacement protégé sans soleil direct, supporte toutefois un fort ensoleillement. En cas de sécheresse, arroser suffisamment. Ne pas rabattre au printemps, enlever seulement les fleurs fanées.
Résistance au froid : Bonne.

Variété approchante :

• 'Shiro fuji' : Fleurs blanches à rose pâle, floraison encore plus aérée, feuilles étroites, jusqu'à 75 cm de hauteur.

'Rosalba'

◐–◑ ✿6–9 ⬆125 ⬌150

Couleur des fleurs : En fonction du pH, du rose clair au bleu glacé ; fleurs fertiles intérieures plus foncées.
Forme des fleurs : Teller, plates ; fleurs périphériques stériles aux pétales grands et arrondis. Ombelles à la structure compacte.
Feuillage : Vert foncé, ovale étroit, légèrement lustré, bord denté. Nervures très marquées. Rouge sombre en automne.
Caractéristiques : Variété à la croissance relativement lente, densément buissonnante, pousse en général plus en largeur qu'en hauteur. Allure élégante.
Utilisation : Isolé, en groupe, dans une plate-bande, en pot.
Entretien : S'épanouit de façon optimale à un emplacement protégé sans soleil direct, supporte toutefois un fort ensoleillement. En cas de sécheresse, arroser suffisamment. Ne pas rabattre au printemps, enlever seulement les fleurs fanées.
Résistance au froid : Bonne.
Variétés approchantes :

• 'Benigaku' : Feuillage particulièrement foncé, jusqu'à 1 m de hauteur.
• 'Grayswoods' : Fleurs périphériques en forme d'étoile, ombelles denses, jusqu'à 1 m de hauteur.

'Tiara'

◐–◑ ✿6–8 ⬆75 ⬌100

Couleur des fleurs : En fonction du pH, du rose pâle au bleu clair, fleurs fertiles intérieures légèrement plus foncées.
Forme des fleurs : Teller, plates ; fleurs stériles périphériques aux pétales grands et en forme d'étoile. Ombelles menues et aérées.
Feuillage : Vert moyen, plus foncé sur les bords, ovale étroit, bord denté. Nervures marquées.
Caractéristiques : Variété à la croissance relativement lente ; pousse en général plus en largeur qu'en hauteur. Allure générale élégante dû à la délicatesse de ses ombelles.
Utilisation : Isolé, en groupe, dans une plate-bande, en pot.
Entretien : S'épanouit de façon optimale à un emplacement protégé sans soleil direct, supporte toutefois un fort ensoleillement. En cas de sécheresse, arroser suffisamment. Ne pas rabattre au printemps, enlever seulement les fleurs fanées.
Résistance au froid : Bonne.
Variétés approchantes :

• 'Blue Deckle' : Ombelles plus compactes, croissance vigoureuse, jusqu'à 1 m de hauteur.
• 'Intermedia' (= 'Acuminata') : Fleurs périphériques dentelées comme des œillets, jusqu'à 1 m de hauteur.

'Veerle'

◐–◑ ✿6–9 ⬆125 ⬌150

Couleur des fleurs : En fonction du pH, du rose au bleu azur, envers rose violacé, fleurs fertiles intérieures violet plus clair.
Forme des fleurs : Teller, plates ; fleurs périphériques stériles aux pétales grands et arrondis qui se chevauchent. Ombelles compactes.
Feuillage : Vert foncé, ovale, bord denté. Nervures très marquées. Coloration automnale spectaculaire, de rouge clair à violet.
Caractéristiques : Variété à la croissance relativement lente ; s'étale lentement en formant des stolons courts.

L'*Hydrangea serrata* subsp. *yezoensis* 'Veerle', une nouvelle découverte avec une teinte automnale prononcée

Utilisation : Isolé, en groupe, dans une plate-bande, en pot.
Entretien : S'épanouit de façon optimale à un emplacement protégé sans soleil direct, supporte toutefois un fort ensoleillement. En cas de sécheresse, arroser suffisamment. Ne pas rabattre au printemps, enlever seulement les fleurs fanées.
Résistance au froid : Très bonne.

Variété approchante :
- 'Autumn Fire' : Coloration automnale plus claire, dans les tons jaune et rouge.

Hortensias de Virginie

Les hortensias de Virginie *(Hydrangea arborescens)* comptent avec les variétés macrophylla parmi les arbustes favoris pour un jardin rustique. Résistants au gel et florifères, leurs atouts sont évidents. La gamme n'est pas très large, ils sont essentiellement cultivés sous deux formes. L'espèce est originaire de la côte Est de l'Amérique du Nord.

'Annabelle'

○–● ✿ 6–9 ⬆ 200 ⟷ 250

Couleur des fleurs : Blanc crème, vert pâle en fanant ; coloration verte longue.
Forme des fleurs : Ombelles denses en forme de boule, les fleurs sont très grandes.
Feuillage : Vert moyen, ovale large à cordiforme, sans coloration automnale.
Caractéristiques : Arbuste vigoureux, florifère et robuste. Sciaphile (d'ombre), mais supporte aussi le soleil.
Utilisation : En plate-bande ou en parterre, en massif d'arbustes, isolé.
Entretien : En cas de sécheresse, arroser abondamment, préfère un sol frais.
Résistance au froid : Excellente.

'Grandiflora'

○–● ✿ 6–9 ⬆ 120 ⟷ 200

Couleur des fleurs : Blanc crème, deviennent vert pâle en fanant ; la coloration verte tient longtemps.
Forme des fleurs : Corymbes arrondies.
Feuillage : Vert moyen, ovale large à cordiforme, sans coloration automnale.
Caractéristiques : Arbuste vigoureux, florifère et robuste. Sciaphile (d'ombre), mais supporte aussi le soleil.
Utilisation : En plate-bande ou en parterre, en massif d'arbustes, isolé, devant des plantes ligneuses plus hautes.
Entretien : En cas de sécheresse, arroser généreusement, préfère un sol frais. Importants besoins en eau dans les endroits ensoleillés.
Résistance au froid : Excellente.

Les ombelles sphériques d'‘Annabelle’ ont un superbe effet de loin. Elles ont autant leur place dans un jardin champêtre que dans un petit jardin paysager.

Les hortensias de Virginie, ici ‘Grandiflora’, apprécient l'ombre.

Hortensias à panicules

La structure des fleurs des hortensias à panicules *(Hydrangea paniculata)* se différencie nettement de toutes les autres espèces. Ici, les fleurs sont regroupées en panicules allongées, comme chez le phlox paniculé. Les pousses s'élèvent plus ou moins droit, pour donner à l'arbuste la forme d'un vase. Par ailleurs, les hortensias à panicules fleurissent sur le bois de l'année et peuvent subir une taille vigoureuse au printemps. D'éventuels dégâts dus au gel ne conduisent donc pas à l'absence de floraison. Une taille vigoureuse favorise également une croissance compacte. Pour finir, ce groupe d'hortensias se plaît aussi au plein soleil, tant que leur emplacement n'est pas trop sec. Ils sont originaires de Chine et du Japon.

'Dharuma'

○–◐ ✿ 5–6 ⬆ 50 ⬌ 80

Couleur des fleurs : Bourgeons blanc crème qui blanchissent en fleurissant.
Forme des fleurs : Panicules coniques terminales aérées. Presque autant de fleurs fertiles que de fleurs stériles.
Feuillage : Vert clair, vert-gris sur l'envers, ovale étroit, bord légèrement en dents de scie.
Caractéristiques : Forme naine à la floraison inhabituellement précoce, croissance trapue et compacte.
Utilisation : En plate-bande ou en parterre, isolé, dans un jardin à la campagne. Particulièrement adapté à la culture en pot.
Entretien : En cas de sécheresse, arroser abondamment. En raison de sa floraison précoce, les fleurs de cette variété se forment dès l'année précédente. Par conséquent, il ne faut pas le tailler au printemps, ou alors seulement le raccourcir très légèrement !
Résistance au froid : Bonne.

'Dharuma', une variété naine pleine de charme, même pour des petits jardins

'Great Star' (= 'Vasterival')

○–◐ ✿ 7–9 ⬆ 200 ⬌ 150

Couleur des fleurs : Blanc crème, deviennent roses en fanant ; bourgeons vert clair.
Forme des fleurs : Panicules coniques terminales. La panicule ne cesse de s'allonger pendant toute la période de floraison. Fleurs stériles en forme d'étoile, majorité de fleurs fertiles.
Feuillage : Vert foncé, vert-gris sur l'envers, ovale étroit, bord légèrement en dents de scie.
Caractéristiques : Variété récente. Croissance rapide. Arbustes dressés, étalés et buissonnants. Ses longs pétales courbés en cuiller sautent aux yeux.
Utilisation : En plate-bande ou en parterre, isolé, dans un jardin à la campagne.
Entretien : En cas de sécheresse, arroser généreusement. Si cet hortensia à panicules n'est pas taillé plusieurs années de suite, l'arbuste retombe et doit être rajeuni par un rabattage localisé.
Résistance au froid : Bonne.

Les fleurs en forme d'étoile de 'Great Star' font tout son charme.

Les panicules d'*Hydrangea paniculata* 'Grandiflora' sont sans égal, tant par leur taille que par leur densité.

Les panicules de la variété 'Kyushu' sont au contraire aérées et plus menues.

'Grandiflora'

○–◐ ✿7–9 ⬆200 ⬌250

Couleur des fleurs : Blanc crème, deviennent roses en fanant.
Forme des fleurs : Panicules coniques terminales en pointe. Les fleurs sont très serrées, les fleurs stériles prédominent.
Feuillage : Vert foncé, vert-gris sur l'envers, ovale étroit, bord légèrement en dents de scie.
Caractéristiques : Variété particulièrement vigoureuse. Arbuste dressé, étalé et buissonnant.
Utilisation : En plate-bande ou en parterre, isolé, dans un jardin paysan.
Entretien : En cas de sécheresse, arroser généreusement. Si cet hortensia à panicules n'est pas taillé plusieurs années de suite, l'arbuste s'effondre et doit être rajeuni par un rabattage localisé.
Résistance au froid : Exceptionnelle.

'Kyushu'

○–◐ ✿7–9 ⬆300 ⬌300

Couleur des fleurs : Blanc crème, roses en fanant.
Forme des fleurs : Panicules coniques terminales étroites, beaucoup de fleurs fertiles.
Feuillage : Vert foncé, vert-gris sur l'envers, ovale étroit, bord légèrement en dents de scie.
Caractéristiques : Arbuste dressé, étalé et buissonnant. Croissance particulièrement vigoureuse. Variété florifère avec des panicules très longues et élégantes. Odorant !
Utilisation : En plate-bande ou en parterre, isolé, dans un jardin à la campagne.
Entretien : En cas de sécheresse, arroser généreusement. Si cet hortensia à panicules n'est pas taillé plusieurs années de suite, l'arbuste s'effondre et doit être rajeuni par un rabattage localisé.
Résistance au froid : Bonne.

Les fleurs de 'Limelight' passent du vert à un jaune crème.

'Limelight'

○–◐ ✿ 7–8 ⬆ 200 ⬌ 200

Couleur des fleurs : Bourgeons verts, jaune pâle en fleurissant.
Forme des fleurs : Grosses panicules coniques terminales.
Feuillage : Vert foncé, vert-gris sur l'envers, ovale étroit, bord légèrement en dents de scie.
Caractéristiques : Arbuste dressé, étalé et buissonnant. Ce cultivar récent se distingue par la couleur inhabituelle de ses fleurs. À la différence des hortensias à panicules normaux, il prend une couleur verte en fleurissant et devient progressivement blanc verdâtre. Sa teinte rappelle un zeste de citron vert. Coupées, ses fleurs font de très belles fleurs séchées.
Utilisation : En plate-bande ou en parterre, isolé, dans un jardin à la campagne.
Entretien : En cas de sécheresse, arroser généreusement. Si cet hortensia à panicules n'est pas taillé plusieurs années de suite, l'arbuste s'effondre et doit être rajeuni par un rabattage localisé.
Résistance au froid : Bonne.

'Phantom'

○–◐ ✿ 8–10 ⬆ 120 ⬌ 150

Couleur des fleurs : Blanc crème, roses en fanant.
Forme des fleurs : Larges panicules coniques terminales. Panicules particulièrement grandes, peuvent atteindre 30 cm, avec une majorité de fleurs stériles.
Feuillage : Vert foncé, vert-gris sur l'envers, ovale étroit, bord légèrement en dents de scie.
Caractéristiques : Arbuste dressé, étalé et buissonnant. Peut atteindre deux à trois mètres dans des conditions favorables.
Utilisation : En plate-bande ou en parterre, isolé, dans un jardin à la campagne. Ses fleurs s'utilisent très bien pour faire des compositions florales séchées.
Entretien : En cas de sécheresse, arroser généreusement. Si cet hortensia n'est pas taillé plusieurs années de suite, l'arbuste retombe et doit être régénéré par un rabattage localisé.
Résistance au froid : Bonne.

'Praecox'

○–◐ ✿ (6)7–8 ⬆ 200 ⬌ 200

Couleur des fleurs : Blanc jaunâtre, roses en fanant.
Forme des fleurs : Panicules coniques terminales courtes ;

'Phantom' a des panicules particulièrement grandes et très compactes.

fleurs stériles étroites, majorité de fleurs fertiles, d'où un aspect ajouré.
Feuillage : Vert foncé, vert-gris sur l'envers, ovale étroit, bord légèrement en dents de scie.
Caractéristiques : Arbuste dressé, étalé et buissonnant.
Utilisation : En plate-bande ou en parterre, isolé, dans un jardin à la campagne.
Entretien : En cas de sécheresse, arroser abondamment. En raison de sa floraison précoce, les fleurs de cette variété se forment dès l'année précédente (l'exception à la règle !). Il ne faut par conséquent pas le tailler au printemps, ou alors seulement le raccourcir très légèrement !
Résistance au froid : Satisfaisante.

'Pinky Winky'

○–◐ ✿ 8–9 ⬆ 200 ⬌ 150

Couleur des fleurs : Une nouveauté avec des panicules d'abord blanches puis citron vert, qui virent au rouge au fil de l'été.
Forme des fleurs : Grosses panicules coniques terminales. Les panicules peuvent faire 20 cm de longueur.
Feuillage : Vert foncé, vert-gris sur l'envers, ovale étroit, bord légèrement en dents de scie.
Caractéristiques : Arbuste dressé, étalé et buissonnant.
Utilisation : En plate-bande ou en parterre, isolé, dans un jardin paysan.
Entretien : En cas de sécheresse, arroser généreusement. Si cet hortensia à panicules n'est pas taillé plusieurs années de suite, l'arbuste retombe et doit être régénéré par un rabattage localisé.
Résistance au froid : Bonne.
Variété approchante :
• 'Pink Diamond' : Couleur blanche qui vire au rose bonbon, jusqu'à 2,50 m de hauteur.

'Tardiva'

○–◐ ✿ 8–10 ⬆ 250 ⬌ 350

Couleur des fleurs : Blanc crème, deviennent roses en fanant.
Forme des fleurs : Panicules coniques terminales. Autant de fleurs fertiles que de fleurs stériles. Panicules ajourées.
Feuillage : Vert foncé, vert-gris sur l'envers, ovale étroit, bord légèrement en dents de scie.
Caractéristiques : Arbuste dressé, étalé et buissonnant.

En fin de floraison, 'Pink Diamond', comme 'Pinky Winky', prend une teinte rosée très attrayante.

Utilisation : En plate-bande ou en parterre, isolé, dans un jardin à la campagne.
Entretien : En cas de sécheresse, arroser généreusement. Si cet hortensia n'est pas taillé plusieurs années de suite, l'arbuste retombe et doit être régénéré par un rabattage localisé.
Résistance au froid : Bonne.

'Unique' a une croissance vigoureuse et doit régulièrement être taillé.

Les tiges souples de 'Wim's Red' sont terminées par des panicules aérées.

'Unique'

○–◐ ✿ 7–9 ⬆ 200 ⟷ 300

Couleur des fleurs : Blanc crème, roses en fanant. La teinte rosée des panicules fanées perdure longtemps.
Forme des fleurs : Panicules terminales densément fleuries ; prédominance de fleurs stériles.
Feuillage : Vert foncé, vert-gris sur l'envers, ovale étroit, bord légèrement en dents de scie.
Caractéristiques : Arbuste dressé, étalé et buissonnant.
Utilisation : En plate-bande ou en parterre, isolé, dans un jardin à la campagne.
Entretien : En cas de sécheresse, arroser généreusement. Si cet hortensia à panicules n'est pas taillé plusieurs années de suite, l'arbuste retombe et doit être régénéré par un rabattage localisé.
Résistance au froid : Bonne.

'Vanille-Fraise'

○–◐ ✿ 8–9 ⬆ 200 ⟷ 150

Couleur des fleurs : Blanc crème, franchement roses en fanant.
Forme des fleurs : Larges panicules coniques terminales ; fleurs stériles très serrées et majoritaires.

En fin de floraison, les panicules de fleurs de 'Wim's Red' virent au rouge foncé.

Feuillage : Vert foncé, vert-gris sur l'envers, ovale étroit, bord légèrement en dents de scie.
Caractéristiques : Arbuste dressé, étalé et de port buissonnant. Croissance très rapide ; port aéré. Les jeunes pousses ont une coloration rouge-brun intense.
Utilisation : En plate-bande ou en parterre, isolé.
Entretien : En cas de sécheresse, arroser généreusement. Si cet hortensia à panicules n'est pas taillé plusieurs années de suite, l'arbuste retombe et doit être régénéré par un rabattage localisé.
Résistance au froid : Excellente.

'Wim's Red'

○–◐ ✿8–9 ⬆150 ⬌150

Couleur des fleurs : Cultivar nouveau qui n'est pas encore très connu chez nous, mais qui mérite d'être cité ; fleurs qui passent du blanc crème en fanant à un rouge bordeaux éclatant. Les panicules gardent ainsi longtemps un effet particulièrement décoratif.
Forme des fleurs : Panicules aérées, rapport équilibré entre fleurs fertiles et fleurs stériles. Allure générale élégante.
Feuillage : Vert foncé, vert-gris sur l'envers, ovale étroit, bord seulement légèrement denté.
Caractéristiques : Arbuste dressé, étalé et buissonnant.
Utilisation : En plate-bande ou en parterre, isolé.
Entretien : En cas de sécheresse, arroser généreusement. Si cet hortensia à panicules n'est pas taillé plusieurs années de suite, l'arbuste retombe et doit être régénéré par un rabattage localisé. Pour garder un arbuste compact et bas, il est conseillé de le retailler à chaque printemps ; il s'utilise alors très bien dans un parterre varié (plate-bande mixte), où il garde des proportions raisonnables.
Résistance au froid : Bonne.

Hortensias à feuilles de chêne

Les hortensias à feuilles de chêne *(Hydrangea quercifolia)* se remarquent pour leurs feuilles singulières qui rappellent des feuilles de chêne. De toutes les espèces d'hortensias, ils ont la plus belle **teinte automnale**. Leur floraison est similaire à celle des hortensias à panicules.

Hortensia à feuilles de chêne *Hydrangea quercifolia*

◑–● ✿7–8 ⬆150 ⬌200

Couleur des fleurs : Blanc crème, roses en fanant.
Forme des fleurs : Larges panicules coniques terminales ; autant de fleurs fertiles que de fleurs stériles.
Feuillage : Vert foncé, grand, très lobé, bords en dents de scie. Sa forme rappelle celle du chêne américain. Teinte automnale intense rouge flamboyant.
Caractéristiques : Buissonnant, dressé.
Utilisation : En plate-bande ou en parterre, isolé, en groupe, devant des plantes ligneuses plus hautes.

Les fleurs des *Hydrangea quercifolia* sont d'une beauté délicate.

Même fanées, les inflorescences sont extrêmement décoratives.

'Harmony', une variété aux grandes panicules compactes

Entretien : En cas de sécheresse, arroser généreusement. En présence d'un sol frais, planter dans un endroit ensoleillé. Ne pas rabattre au printemps, enlever les fleurs fanées.
Résistance au froid : Craint un peu le gel les premières années.

'Harmony'

◐–● ✿ 7–8 ⬆ 200 ⬌ 200

Couleur des fleurs : Blanc crème avec des bourgeons vert pâle ; roses en fanant.
Forme des fleurs : Larges panicules coniques terminales ; majorité de fleurs stériles.
Feuillage : Vert foncé, grand, très lobé, bords en dents de scie. Rappelle celui du chêne américain par sa forme. Teinte automnale rouge flamboyant.
Caractéristiques : Densément buissonnant, s'étale avec les ans en formant des stolons.
Utilisation : En plate-bande, isolé, en groupe, devant des plantes plus hautes.
Entretien : En cas de sécheresse, arroser généreusement. En présence d'un sol frais, planter dans un endroit ensoleillé. Parfois, les jeunes plants ont besoin d'être soutenus par un tuteur pour empêcher les panicules épaisses et lourdes de se rompre. Ne pas rabattre au printemps, enlever seulement les fleurs fanées.
Résistance au froid : Craint un peu le gel les premières années.

'Sikes Dwarf'

◐–● ✿ 7–8 ⬆ 100 ⬌ 120

Couleur des fleurs : Blanc crème, roses en fanant.
Forme des fleurs : Larges panicules coniques terminales ; fleurs fertiles majoritaires.
Feuillage : Vert foncé, grand, très lobé, bords en dents de scie. Rappelle celui du chêne américain par sa forme. Teinte automnale rouge flamboyant.
Caractéristiques : Densément buissonnant, dressé. Jolie variété naine particulièrement adaptée à la culture en pot et aux petits jardins.
Utilisation : En plate-bande ou en parterre, isolé, en groupe, en pot.
Entretien : En cas de sécheresse, arroser généreusement. En présence d'un sol frais et profond, planter de préférence dans un endroit ensoleillé. Ne pas rabattre au printemps, enlever seulement les fleurs fanées.

'Snowflake' forme des rameaux courts et s'étale ainsi en largeur.

Résistance au froid : Craint un peu le gel les premières années, bonne par la suite.

'Snowflake'

●–● ✿ 7–8 ⬆ 150 ⬌ 150

Couleur des fleurs : Blanc crème, roses en fanant.
Forme des fleurs : Larges panicules coniques terminales ; autant de fleurs stériles que de fleurs fertiles. Fleurs doubles ou pleines.
Feuillage : Vert foncé, grand, très lobé, bords en dents de scie. Rappelle celui du chêne américain par sa forme. Teinte automnale rouge flamboyant.
Caractéristiques : Densément buissonnant, dressé, s'étale fortement avec les ans en formant des stolons.
Utilisation : En plate-bande ou en parterre, isolé, en groupe, devant des plantes ligneuses plus hautes.
Entretien : En cas de sécheresse, arroser généreusement. En présence d'un sol frais et profond, planter de préférence dans un endroit ensoleillé. Ne pas rabattre au printemps, enlever seulement les fleurs fanées.
Résistance au froid : Craint un peu le gel les premières années.

Les espèces sauvages, plus hautes, ici un *Hydrangea aspera,* se distinguent par leur port très attrayant et l'effet discret de leurs fleurs.

'Snow Queen'

●–● ✿ 7–8 ⬆ 200 ⬌ 200

Couleur des fleurs : Blanc crème, deviennent roses en fanant.
Forme des fleurs : Larges panicules coniques terminales ; autant de fleurs stériles que de fleurs fertiles ; structure aérée et plutôt équilibrée.
Feuillage : Vert foncé, grand, très lobé, bords en dents de scie. Rappelle celui du chêne américain par sa forme. Teinte automnale intense rouge flamboyant.
Caractéristiques : Dressé, s'étale fortement avec les ans en formant des stolons. Bourgeons d'hiver remarquables par leur couleur rouge orangé, écorce qui s'exfolie.
Utilisation : En plate-bande, isolé, en groupe, devant des plantes plus hautes.
Entretien : En cas de sécheresse, arroser généreusement. En présence d'un sol frais et profond, planter de préférence dans un endroit ensoleillé. Ne pas rabattre au printemps, enlever seulement les fleurs fanées.
Résistance au froid : Craint un peu le gel les premières années.

Diverses espèces sauvages

Outre les espèces précédemment décrites, espèces cultivées en grande partie en culture

Hydrangea heteromalla se remarque aussi en dehors de sa période de floraison pour son écorce brun-rouge qui s'exfolie.

hors sol, on trouve des espèces sauvages attrayantes adaptées au jardin. La plupart sont encore méconnues.

Hydrangea aspera

◐–● ✿ 7–8 ⬆ 250 ⬌ 300

Couleur des fleurs : Mauves ; plus foncées à l'intérieur.
Forme des fleurs : Teller, couronne composée d'un petit nombre de sépales stériles, milieu en coupole.
Feuillage : Vert moyen, large et lancéolé, relativement grand ; feuilles rugueuses au toucher.
Caractéristiques : Arbuste imposant au port souple.
Origine : Chine.
Utilisation : Isolé, en groupe, derrière des arbustes plus bas.
Entretien : En cas de sécheresse, arroser généreusement. Préfère les sols nourrissants, mais perméables. Ne pas rabattre au printemps, enlever seulement les fleurs fanées. Bel arbuste pour jardins mi-ombragés.
Résistance au froid : Bonne.
Variété qui a fait ses preuves :
• 'Kawakami' : Croissance plus faible, 1,50 m de hauteur.

Hydrangea heteromalla

○–◐ ✿ 6–7 ⬆ 300 ⬌ 200

Couleur des fleurs : Blanc crème ; verdâtres au centre.
Forme des fleurs : Corymbiformes avec des fleurs périphériques stériles.
Feuillage : Vert moyen, lancéolé, bord en dents de scie.
Caractéristiques : Arbuste vigoureux avec une écorce marron qui s'exfolie.
Origine : Chine, Himalaya.
Utilisation : Dans un massif, une haie, isolé.
Entretien : En cas de sécheresse, arroser généreusement. En présence d'un sol frais et profond, planter de préférence dans un endroit ensoleillé. Ne pas rabattre au printemps, enlever seulement les fleurs fanées.
Résistance au froid : Bonne, protection hivernale les premières années.
Variété qui a fait ses preuves :
• 'Bretschneideri' : Rosit en fanant, jusqu'à 3 m de hauteur.

Hydrangea involucrata

○–◐ ✿ 7–9 ⬆ 120 ⬌ 150

Couleur des fleurs : Fleurs périphériques blanc crème, fleurs fertiles bleu pâle au centre.
Forme des fleurs : Corymbe lâche ; en ombelle hémisphérique. Rondes comme de petites boules à l'état de bourgeon, s'ouvrent et ensuite seulement forment une ombelle.

Feuillage : Vert foncé, ovale large, bord en dents de scie.
Caractéristiques : Espèce sauvage à croissance lente pour emplacements protégés.
Origine : Japon.
Utilisation : En plate-bande, isolé, en groupe, devant des plantes plus hautes.
Entretien : En cas de sécheresse, arroser généreusement. En présence d'un sol frais et profond, planter de préférence dans un endroit ensoleillé. Ne pas rabattre au printemps, enlever seulement les fleurs fanées.
Résistance au froid : Satisfaisante.
Variété qui a fait ses preuves :
• 'Hortensis' : Variété naine, jusqu'à 50 cm, ne convient pas à un lieu ensoleillé.

Hydrangea sargentiana (syn. : *H. aspera* subsp. *sargentiana*)

◐–● ✿ 7–8 ⬆ 250 ⬌ 300

Couleur des fleurs : Mauve pâle ou blanchâtre ; plus foncées à l'intérieur.
Forme des fleurs : Teller, couronne de quelques fleurs stériles, milieu en coupole.
Feuillage : Vert moyen, large et lancéolé, très grand, doux au toucher.
Caractéristiques : Arbuste imposant au port souple.
Origine : Chine.
Utilisation : Isolé, en groupe, devant des plantes ligneuses plus hautes.
Entretien : En cas de sécheresse, arroser généreusement. Le bois vieillit mal en présence d'un sol trop riche en nutriments, craint alors le gel. Ne pas rabattre au printemps, enlever seulement les fleurs fanées. Bel arbuste élégant pour coins de jardin mi-ombragés.
Résistance au froid : Bonne.

Hydrangea involucrata est remarquable pour ses boutons particulièrement jolis.

Hydrangea sargentiana est un arbuste imposant aux feuilles veloutées vert mat qui donnent envie de le toucher.

***Hydrangea villosa* (syn. : *H. aspera* subsp. *villosa*)**

●–● ✿7–8 ⬆300 ⬌300

Couleur des fleurs : Mauves ; plus foncées à l'intérieur.
Forme des fleurs : Teller, couronne de quelques fleurs stériles, au milieu en coupole.
Feuillage : Vert moyen, large et lancéolé, grand, mou.
Caractéristiques : Arbuste imposant au port souple.
Origine : Chine.
Utilisation : Isolé, en groupe, devant des plantes ligneuses plus hautes.
Entretien : En cas de sécheresse, arroser généreusement. En présence d'un sol frais et profond, planter de préférence au soleil. Ne pas rabattre au printemps, enlever seulement les fleurs fanées. Bel arbuste pour jardins mi-ombragés.
Résistance au froid : Bonne.

L'hortensia grimpant *(Hydrangea petiolaris)* pousse lentement dans un premier temps, mais, en quelques années, il peut recouvrir des pans entiers de maison.

Hortensias grimpants

Le genre *Hydrangea* ne compte qu'une seule espèce grimpante. Elle est parfaite pour végétaliser une maison. Le faux hortensia *(Schizophragma hydrangeoides)*, qui lui ressemble beaucoup, est en revanche largement méconnu.

Hortensia grimpant *Hydrangea petiolaris* (syn. *H. anomala* subsp. *petiolaris*)

●–● ✿6–7 ⬆10 m ⬌300

Couleur des fleurs : Blanc crème, blanc-vert au milieu.
Forme des fleurs : Teller, couronne de quelques fleurs stériles, milieu plat composé de nombreuses fleurs fertiles.
Feuillage : Vert moyen, dur, ovale pointu, bords en dents de scie.
Caractéristiques : Peu exigeant et robuste, mais à protéger des vents froids. Pousse sur des sols pas trop lourds, de préférence à la mi-ombre ou à l'ombre. Dans les régions méri-

dionales, les pousses sont menacées par les gelées tardives (débourrement précoce, différences de température le jour et la nuit plus grandes). Croissance parfois faible les premières années.
Origine : Japon, Chine, Corée.
Utilisation : Pour végétaliser des façades, de vieux arbres, etc., en couvre-sol.
Entretien : En cas de sécheresse, arroser généreusement. En présence d'un sol frais et profond, planter de préférence au soleil. La taille n'est pas nécessaire, en règle générale.
Résistance au froid : Bonne.

Le faux hortensia *(Schizophragma hydrangeoides)* est un parent proche de l'hortensia grimpant. Ils se différencient par la forme de leurs sépales.

Faux hortensia
Schizophragma hydrangeoides

◐–● ✿ 6–7 ⬆ 10 m ⬌ 300

Couleur des fleurs : Blanc crème, blanc-vert au milieu.
Forme des fleurs : Teller, couronne composée de quelques fleurs stériles seulement, milieu plat composé de nombreuses fleurs fertiles. À la différence du « vrai » hortensia, ses fleurs stériles sont cordiformes et poussent seules sur une tige. Chez l'Hydrangea, elles sont toujours trois ou quatre sur une même tige.
Feuillage : Vert moyen, ovale pointu, bords en dents de scie.
Caractéristiques : Peu exigeant et robuste, mais à protéger des vents froids. Pousse sur des sols pas trop lourds, de préférence à la mi-ombre ou à l'ombre. Dans les régions méridionales, les pousses sont menacées par les gelées tardives (débourrement précoce, différences de température le jour et la nuit plus grandes). Dans l'ensemble, croissance encore plus rapide que celle d'*H. petiolaris*.
Origine : Japon, Taiwan, Corée.
Utilisation : Pour végétaliser des façades de maisons, de vieux arbres, des pergolas, etc.
Entretien : En cas de sécheresse, arroser généreusement. En présence d'un sol frais et profond, planter de préférence au soleil. La taille n'est pas nécessaire, en règle générale, il suffit d'enlever les pousses plus anciennes.
Résistance au froid : Bonne.
Variétés intéressantes :
• 'Moonlight' : Le feuillage est saupoudré de blanc avec des nervures foncées qui se démarquent. Un cultivar intéressant, mais difficile à trouver.
• 'Roseum' : Variété aux fleurs rose clair, au développement un peu faible, mais pour le reste, caractéristiques classiques de l'espèce.

Idées d'aménagements

Avec une telle variété dans les espèces, les hortensias ont de multiples emplois possibles. Tenez autant compte des qualités décoratives du feuillage que de l'effet des fleurs lorsque vous ferez vos plans d'aménagement. Utilisez également des arbustes de formes et de hauteurs différentes.

Des hortensias pour différents emplacements

Dans un jardin ombragé

Beaucoup de vieux jardins se caractérisent par des surfaces ombragées relativement étendues. Les arbres anciens se sont développés, élevés, et leur cime recouvre les plates-bandes d'ombre. Le choix de plantes ligneuses adaptées à ce type d'emplacement est limité. Mais les hortensias, eux, sont pour la plupart adaptés à une telle exposition et s'y plaisent même, précisément à cause de l'humidité ambiante relativement élevée qui y règne généralement. L'hortensia de Virginie en particulier *(H. arborescens)* est incroyablement tolérant et s'épanouit même à l'ombre vraiment profonde.

Les hortensias se plantent isolément, en petits groupes ou dans des plantations variées, associés à d'autres plantes vivaces ligneuses.

Pour le côté esthétique, vous pouvez constituer des plantations étagées en recourant à des arbustes de hauteurs et de formes différentes.

Le blanc illumine les coins sombres

Dans des zones pauvres en lumière, des inflorescences claires, les blanches surtout, ont un effet chaleureux et donnent envie de s'approcher. Elles rétrécissent en outre visuellement les distances et donnent l'impression que les plantes sont plus près qu'elles ne le sont en réalité. Associées à des tons rose et violet, elles créent ainsi une atmosphère lumineuse et agréable. Cela étant, les tons pastel ont tendance à s'estomper de loin. Les subtilités de l'association se distinguent mieux de près. Tenez-en compte lors de la conception de vos plates-bandes.

Luxuriant et champêtre, romantique et un peu sauvage – ainsi se caractérisent les jardins de cottage réussis.

Arbustes associables à des hortensias

Nom	Hauteur	Remarques
Cornouiller à fleurs *(Cornus florida)*	4 à 6 m	Fleurs spectaculaires, roses ou blanches, fleurit 4-5 mois.
Érable du Japon *(Acer Japonicum)*	2 à 4 m	Teinte automnale, nombreuses variétés.
Fothergilla major	1,50 à 3 m	Fleurs argentées en épis, fleurit 4-5 mois, teinte automnale.
Houx *(Ilex aquifolium)*	3 à 5 m	Feuillage persistant, baies rouges sur plantes femelles.
Laurier-cerise *(Prunus lauro-cerasus)*	1 à 4 m	Feuillage persistant, fleurs blanches, fleurit 5-6 mois.
Osmanthe de Burkwood *(Osmanthus x burkwoodii)*	1,50 à 2 m	Feuillage persistant, fleurs blanches, fleurit 4-5 mois.

L'hortensia de Virginie *(Hydrangea arborescens)* – ici la variété 'Annabelle' – fleurit bien, même à l'ombre profonde.

bon choix en arrière-plan de tels hortensias. Son feuillage clair et fin et son port vertical érigé contrastent magnifiquement avec le feuillage foncé velouté et le port étalé et légèrement retombant de ces arbustes à fleurs.

Des couleurs tendres à l'ombre
La majorité des vivaces d'ombre se distinguent par des fleurs aux coloris plutôt tendres, qui sont particulièrement bien mises en valeur devant un arriè-

Couleurs de fleurs foncées
Les fleurs sombres comme le bordeaux ou le violet foncé demandent elles aussi à être admirées de près et sont complètement noyées lorsqu'elles sont placées devant un décor sombre, tel qu'une haie d'ifs. Les hortensias aux coloris plus sombres, comme *Hydrangea sargentiana* et *Hydrangea aspera*, atteignent eux-mêmes une hauteur telle qu'ils ont leur place à l'arrière-plan d'arbustes plus bas ou de plantes vivaces. Il faut s'approcher pour prendre toute la dimension de la beauté de leurs fleurs mais, après tout, le charme d'un jardin réside aussi dans les surprises qu'il réserve. Le bambou peut être un

Partenaires possibles pour une plantation asiatique

Nom	Croissance	Feuillage / Fleurs
Astilbe (espèces et variétés *d'Astilbe*)	Vivace, touffue, stolonifère aussi, jusqu'à 50 cm de hauteur.	Penné, vert foncé ; fleurs en épis, tons blanc, rose, rouge.
Bambou *(Fargesia murielae)*	Touffu, pointes retombantes, jusqu'à 5 m de hauteur.	Vert clair, filigrané, graminiforme.
Buis *(Buxus sempervirens)*	Hauteur en fonction de la taille.	Vert foncé, lustré, petites feuilles.
Funkia *(Hosta)*	Vivace, en forme d'entonnoir, jusqu'à 60 cm de hauteur.	Lancéolé à cordiforme, nervures visibles, panachure ; inflorescences blanches ou lilas.
Rodgersia à feuilles en pied de canard *(Rodgersia podophylla)*	Vivace à feuillage décoratif, forme des touffes buissonnantes, jusqu'à 1,20 m de hauteur.	Très grand, vert foncé ; panicules blanc crème.
Roseau de Chine *(Miscanthus sinensis)*	Vivace herbacée, dressé, touffu, jusqu'à 2 m de hauteur.	Rubané, pointes retombantes ; fleurs en panicules duveteuses.

re-plan d'arbustes sombre et éclairent véritablement les coins de jardin ombragés.
Leurs fleurs simples sont en général plutôt petites, mais nombreuses sur des inflorescences plantureuses. Elles contrastent magnifiquement avec un feuillage compact de funkias par exemple. Une barbe de bouc *(Aruncus dioicus)* fait forte impression, ne serait-ce que par ses 2 m de hauteur. À partir de juin, quantité de panicules fleuries blanc crème se dressent sur ses folioles. Plus menue et plus décorative mais avec une structure similaire, l'astilbe *(Astilbe)* se trouve dans différents coloris : blanc, rose, rouge. Les plantations tapissantes, quand on combine différentes variétés, produisent le plus bel effet.
Pensez à inclure des graminées dans vos plantations d'ombre. Sous des laîches *(Carex)* notamment, elles sont très décoratives. Certaines d'entre elles sont mêmes persistantes. Les fleurs claires et ornementales des hortensias Teller et des espèces sauvages, au port plus élevé, s'harmonisent parfaitement avec ces élégantes vivaces de forêt. En fonction de leur taille, elles se placent à l'avant ou à l'arrière-plan de la platebande ou du massif.

Plantations d'inspiration asiatique

Éléments d'aménagement japonisants, feng-shui (une approche philosophique qui prône l'harmonie entre l'homme et son environnement), triomphe du bambou dans nos jardins : le thème de l'Asie connaît un succès qui ne se dément pas depuis maintenant un certain nombre d'années.
Avec les bons partenaires, les hortensias s'incluent très bien dans un jardin d'inspiration asiatique. Par exemple, un bambou élevé peut constituer un arrière-plan esthétique et apporter une certaine sérénité à un groupe d'hortensias.
Les azalées, qui poussent plus bas et forment des coussins, apportent au printemps des touches de couleur lumineuses et, placées devant, elles mettent parfaitement les hortensias en valeur lorsque ceux-ci fleurissent, grâce à leur feuillage qui est plus foncé.
Des boules et buissons ondulés de buis dispensent aussi une touche asiatique. De simples funkias à grandes feuilles *(Hosta)* donnent une touche d'élégance, tout comme des graminées subtilement agencées.

Inspiration asiatique avec cette jolie association de bambous et de vivaces

La mi-ombre : une exposition idéale

L'alternance quotidienne de soleil et d'ombre crée pour les hortensias des conditions idéales de culture, qui s'approchent de leurs conditions naturelles d'origine.
Un placement à l'ombre légère, sous des massifs d'arbres hauts pas trop serrés, leur convient particulièrement bien, car ils bénéficient de l'humidité dont ils ont besoin. Le toit formé par les

À la mi-ombre, les hortensias s'associent sans problème dans des plantations de plantes ligneuses, des vivaces et des plantes grimpantes.

La plupart des hortensias supportent les emplacements ensoleillés, à condition de bénéficier d'une humidité suffisante.

feuilles les protège du soleil de midi, tout en laissant passer la lumière jusqu'aux pousses du sous-étage. Les hortensias se plaisent également bien à l'ombre des bâtiments.
Ce qu'ils n'aiment pas du tout en revanche, ce sont les trouées entre des bâtiments élevés, à travers lesquelles le vent siffle et assèche l'air et le sol. Ce genre d'emplacement, surtout en ville, est totalement inadapté. Si vous envisagez une plantation à l'ombre d'une maison d'habitation, il vaut mieux leur éviter une exposition au sud et privilégier un ensoleillement le matin ou le soir. Il faut aussi tenir compte du « côté de la pluie ». Le côté est d'une maison est souvent trop sec car en Europe, avec des vents d'ouest, une grande partie des pluies n'atteint pas la façade est des maisons. Dans un tel cas, il faut arroser de manière régulière et intensive ou même installer un arrosage automatique.

Dans un jardin ensoleillé

Tant qu'elles ne souffrent pas d'une carence en eau, un grand nombre d'espèces d'hortensias s'accommodent bien du plein soleil. En revanche, aucun hortensia ne supporte à long terme

Des couleurs claires illuminent un arrière-plan sombre et font ainsi naviguer le regard vers les profondeurs d'un jardin.

Des fleurs foncées sont de toute beauté admirées de près.

le soleil s'il est conjugué à un sol sec. Même de brèves pénuries d'eau causent des dégâts et affaiblissent la plante.
Dans un sol riche en humus et profond qui retient bien l'eau, et avec un arrosage suffisant en période de sécheresse, les hortensias à grandes feuilles *(H. macrophylla)* habillent remarquablement les surfaces de jardin ensoleillées.
Un arrosage étant souvent indispensable en été, il vaut mieux les placer à proximité de la maison – aux abords de la terrasse, de l'entrée ou du garage, par exemple. Si vous plantez des massifs d'hortensias ou des massifs mélangés à une distance plus éloignée, à l'autre bout de votre terrain par exemple, il peut être souhaitable d'investir dans l'achat d'un système d'arrosage automatique.

Principes d'aménagement

Pour obtenir un jardin riche et harmonieux, il faut prêter attention à certains aspects essentiels : les **couleurs des fleurs** et la manière dont leurs effets s'accordent, la **couleur et la structure des feuillages**, une logique d'**agencement en étages** – tous ces points contribuent à la réussite d'un jardin.
Les goûts de chacun sont évidemment un élément décisif, mais il y a cependant quelques règles de base qui vous permettront de faire le bon choix de plantes et vous aideront à créer de belles associations durables. Le choix et l'association des couleurs (contrastes francs ou harmonie ton sur ton) sont parmi les premiers aspects à prendre en compte, car c'est ce qui frappe l'œil en premier lieu. Nous allons nous y attarder quelque peu.

Généralités sur les effets de couleurs

La couleur est le premier critère auquel on pense quand on réfléchit à l'organisation d'une plantation. Couleurs et associations de couleurs suscitent une réaction spontanée chez le spectateur. Chaque couleur a son effet propre, mais combinées les unes aux autres, elles peuvent s'influencer mutuellement, s'en trouver soulignées ou au contraire effacées.

Les couleurs et leurs effets

- Le **blanc** paraît élégant et lumineux. Il s'harmonise avec n'importe quelle autre couleur. Les plantations mono-

Une combinaison d'hortensias aux fleurs de formes différentes, et pourtant très harmonieuse grâce à l'association des couleurs

chromes blanches peuvent par le jeu de différentes nuances produire un effet très subtil et éthéré, mais elles ont besoin d'un contre-poids – qui peut parfaitement être exercé par le vert des feuilles – pour ne pas paraître floues et dénuées de contours. Le blanc peut dans tous les cas s'utiliser comme élément séparateur entre des couleurs qui ne se marient pas bien ensemble.

- Le **rouge** agit diversement en fonction du ton dominant. Un rouge lumineux qui tire sur l'orange paraît criard et outrancier. Il attire immédiatement l'attention sur lui. Un rouge avec une nuance bleutée a une présence très différente : il semble frais, voire froid. Mieux vaut généralement éviter ces deux genres de rouges, car à côté l'un de l'autre ils « jurent ».
- Le **rose** fait office de lien. Au rose, on associe la douceur, le romantisme, le parfum. Mais comme pour le blanc, il faut veiller à garder suffisamment de structures fortes dans la plantation pour qu'elle n'apparaisse pas floue et fade au regard.
- Le **bleu pur** est une couleur froide, synonyme de fraîcheur et de calme. La mer et le ciel sont bleus et symbolisent tous deux l'éternité et la sérénité. Le bleu possède lui aussi différentes tonalités, dont certaines sont plus chaudes (en s'approchant du violet). À l'inverse, le turquoise est la tonalité la plus froide.
- Le **vert** a la réputation, non sans raison, d'être une couleur apaisante. Comme le blanc, il sert de lien et d'intermédiaire entre toutes les autres couleurs, sans jamais les dominer.

Vif ou discret ?

La palette de couleurs des hortensias s'étend des nuances blanc-jaune-vert jusqu'au violet et au bleu, en passant par le rose. On ne trouve pas de rouge pur, et très peu d'orange. Les variétés que les vendeurs appellent parfois rouges fleurissent en réalité plutôt rose vif ou rose bonbon. Il n'y a pas non plus de variétés vraiment jaunes, ce sont plutôt des tons blancs qui tirent sur le vert ou sur le jaune crème.
De nombreuses variétés d'**hortensias à panicules** *(H. paniculata)* **changent de couleur** en fleurissant et ensuite en fanant, la plupart passent d'un blanc pur à des tons verts ou rose pâle.

Aménagement ton sur ton

Quand on décline une seule couleur dans toutes ses nuances, on parle de **plantation monochrome**. Il en émane une certaine harmonie, mais parfois aussi une certaine fadeur si on ne la réveille pas avec des struc-

tures diversifiées, horizontales et verticales.
S'agissant du blanc notamment, une couleur très populaire, tout va reposer sur les nuances que vous apporterez. Un parterre blanc avec des plantes de même hauteur, de grandes fleurs toutes blanc pur, peut littéralement assommer d'ennui son spectateur. De loin, elle fera l'effet d'une grande surface blanche et, de près, l'œil ne distinguera aucune structure à laquelle s'accrocher.
En trouvant la juste association de formes, de nuances et de structures, encadrée et structurée par un important feuillage vert, on peut au contraire faire naître une plantation intéressante qui réservera sans cesse de nouvelles découvertes à l'observateur.

Premiers rôles et figurants

En pleine floraison, les hortensias à grandes feuilles *(H. macrophylla)*, surtout ceux à fleurs rose cerise vif, se signalent clairement. On pourrait difficilement les manquer tant ils se mettent en avant. Ce n'est pas seulement dû à la couleur de leurs fleurs. Leurs « boules » somptueuses, sous lesquelles, en pleine floraison, on distingue à peine les feuilles, participent aussi à cette impression. Avec des fleurs de même forme et de taille similaire, un hortensia à grandes feuilles d'un rose pâle discret accrochera aussi le regard pour la plénitude de ses fleurs, mais avec beaucoup plus de retenue du fait de sa couleur plus tendre. Les autres formes de fleurs, en particulier les fleurs plates (chez les hybrides « Lacecaps » des macrophylla) ne produisent pas une impression aussi forte, même dans des tons rose vif ou bleu électrique. Toutes espèces confondues, les tons blancs, la couleur la plus courante, peuvent aussi bien faire un fort effet ou rester discrets. Le blanc éclatant d'un hortensia de Virginie (*H. arborescens* 'Annabelle') en pleine floraison s'impose, tandis que les fleurs terminales douces de l'hortensia grimpant *(H. petiolaris)* ont une aura beaucoup plus modeste.
Tous les acteurs, exubérants ou discrets, ont un rôle important dans le jardin. Les premiers rôles ne peuvent se passer de figurants en arrière-plan pour les mettre en valeur. Des acteurs à mettre tous au même plan ne feraient que dispenser un sentiment d'ennui au spectateur. Tout est dans la diversification. Quelques sujets plantureux peuvent se mettre sur le devant de la scène un moment, mais ils doivent aussi laisser ce rôle à

Deux massifs d'hortensias, placés symétriquement de chaque côté de la porte d'entrée, accueillent le visiteur chaleureusement et de manière très décorative.

Un jardin champêtre idyllique où sont associés hortensias, roses, vivaces et diverses plantes ligneuses.

d'autres au cours de la saison, tandis que l'arrière-plan sera toujours occupé par les figurants.

Aménagements possibles

Jardins de campagne et jardins de cottage

Chez nous, l'hortensia à grandes feuilles est depuis longtemps cultivé dans les **jardins de campagne**. Autrefois, avec d'autres arbustes aussi esthétiques que pratiques, il encadrait souvent le potager, souvent planté à plusieurs le long de la clôture. Dans des parterres bordés de buis aussi, ces beaux arbustes à fleurs avaient toujours belle allure. Au milieu du jardin de ferme, il y avait souvent un puits utilisé pour arroser le potager. Les buissons d'hortensias étaient arrosés tous les jours par la même occasion et s'en montraient reconnaissants en se parant richement de fleurs et en se développant.

Dans les jardins actuels, les hortensias de Virginie *(H. arborescens)*, qui eux aussi supportent le soleil, sont venus rejoindre les hortensias à grandes feuilles. À l'intérieur d'une surface paysagée bordée de buis justement, ces buissons à fleurs somptueux forment un contrepoids parfait à un encadrement sévère.

Les hortensias à grandes feuilles, avec leurs fleurs en boules d'allure romantique, vont aussi parfaitement dans des **jardins de cottage**, très prisés actuellement. À l'opposé des jardins de campagne, plus formels, les jardins de cottage n'ont pas de contraintes de structure. Au premier regard, tout semble un peu désordonné. La caractéristique la plus importante de leur aménagement est la luxuriance. Les plantes semblent jaillir de nulle part, traversent des clôtures en croisillons de bois et recouvrent toutes sortes de supports. Mais comme dans ces jardins, seules certaines familles de couleurs sont employées, il s'en dégage tout de même une impression d'harmonie et d'unité. Le rose est la couleur favorite, décliné dans toutes ses nuances, et il est souvent combiné à du blanc et du violet. Les fleurs pastel en boules des hortensias à grandes feuilles trouvent parfaitement leur place dans ces assemblages de plantes sans contraintes. Mais les hortensias à panicules *(H. paniculata)* peuvent dégager une atmosphère

Plantes à associer avec des hortensias dans des endroits ensoleillés					
Nom	**Groupe**	**Floraison (mois)**	**Couleur des fleurs**	**Hauteur (en cm)**	**Remarques**
Alchémille *(Alchemilla mollis)*	Vivace	06 – 07	Jaune-vert	30-40	Pour couvrir de grandes surfaces.
Clématite *(Clematis integrifolia)*	Vivace	06 – 08	Violet, rose	50-70	Les tiges prennent appui sur un support ligneux.
Cloche d'Irlande *(Moluccella laevis)*	Annuelle	07 – 09	Vert clair	60-100	Estivale aux fleurs singulières.
Digitale pourpre *(Digitalis purpurea)*	Bisannuelle	05 – 07	Rose, blanc	80-120	Se ressème toute seule, plante toxique.
Éphémère de Virginie *(Tradescantia Andersoniana)*	Vivace	06 – 09	Violet, rose carmin, blanc	40-50	Pour sols frais.
Géranium *(Geranium x magnificum)*	Vivace	06 – 07	Violet foncé	40-60	Robuste, couleur des fleurs résistante.
Hémérocalles (hybrides d'*Hemerocallis*)	Vivace	06 – 09	Rose, violet, abricot, blanc, jaune, rouge, multicolore	50-100	Vivace avec bonne capacité d'adaptation, à utiliser dans des tons pastel.
Hybrides de phlox à panicules (Hybrides de *Phlox paniculata*)	Vivace	06 – 09	Violet, carmin, rose, blanc	70-130	Vivace romantique odorante.
Lupin à plusieurs feuilles *(Lupinus polyphyllus)*	Vivace	06 – 09	Bleu, blanc, rose bonbon, jaune	70-100	Deuxième floraison au début de l'automne en cas de taille après la première floraison.
Méconopside de Cambrie *(Meconopsis cambrica)*	Vivace à vie courte	06 – 10	Tous les tons de jaune et d'orange	30-45	Pour emplacements ombragés, se ressème toute seule.
Monarde (hybrides de *Monarda*)	Vivace	07 – 09	Rose, fuchsia, violet, blanc	70-100	Préfère les sols frais.
Nigelle de Damas *(Nigella damascena)*	Annuelle	06 – 08	Bleu lumineux, blanc	30-50	Pour un semis direct.
Tabac sylvatique *(Nicotiana sylvestris)*	Annuelle	07 – 10	Blanc, jaune pâle, blanc verdâtre	120-150	Odorant, surtout le soir.
Verveine de Buenos Aires *(Verbena bonariensis)*	Annuelle ou vivace à vie courte	07 – 10	Violet	80-120	Effet vitrail, se ressème toute seule.

romantique, alliés à des annuelles comme la nigelle de Damas *(Nigella damascena)*, le bleuet des champs *(Centaurea cyanus)*, les *Cosmos bipinnatus* ou diverses vivaces aux couleurs romantiques.

Dans une plate-bande mixte

Le précurseur et quasiment « inventeur » de la plate-bande mixte est la célèbre paysagiste anglaise **Gertrude Jekyll** (1843-1932). Celle-ci était peintre de formation et ne considérait pas les plantes comme des sujets en eux-mêmes, mais comme une partie d'un tout global, d'un tableau. Elle a participé à la création de plus de 400 jardins en Amérique et en Europe (notamment en France et au Royaume-Uni). Elle a également écrit énormément d'articles et d'ouvrages sur le sujet, s'intéressant particulièrement à l'agencement des plates-bandes, aux couleurs et aux associations de plantes. Son influence sur l'art du jardinage reste encore importante de nos jours. Dans ses plans, elle plaçait généralement plantes vivaces, fleurs estivales et arbustes à fleurs devant un arrière-plan sombre de feuillus ou une haie d'ifs, pour faire ressortir les camaïeux de couleurs. Ce concept est entré dans l'histoire de l'art paysager sous le nom de « **mixed border** » et fut traduit en français par « plate-bande mixte ». Aujourd'hui encore, l'aménagement de plates-bandes attrayantes en toute saison qui restent denses et harmonieuses est considéré comme un exercice de haut vol. Avec la collaboration de l'architecte très en vogue à l'époque **Edwin Lutyens**, Gertrude Jekyll a créé nombre de somptueux jardins aux parterres sensationnels. Quelques-uns ont été relativement bien conservés, d'autres ont été reconstitués à l'aide des plans originaux. Ses associations raffinées de couleurs restent à ce jour inégalées. L'une des spécialités de Gertrude Jekyll était les plates-bandes qui se limitaient à une famille de couleurs, comme le célèbre Purple Border ou le Jardin blanc, tous deux dans les jardins du château de Sissinghurst, dans le Kent.

Une plate-bande mixte pour l'ombre et la mi-ombre, essentiellement marquée par les hortensias et les funkias *(Hosta)*

« Mixed borders » anglais classiques

Les plantes choisies pour ces plates-bandes mixtes l'étaient sur des critères purement esthétiques. Ces parterres n'étaient donc pas forcément très faciles à entretenir, les jar-

diniers devaient sans arrêt intervenir pour effectuer des « retouches ». Les plantes vivaces qui se développaient trop devaient régulièrement être enlevées, taillées et replantées, les trous qui apparaissaient étaient bouchés avec d'autres plantes vivaces ou annuelles. En général, la quintessence esthétique de ces plates-bandes ne durait que quelques semaines, le reste de la saison, elles se révélaient plutôt insipides. Les grands jardins de l'époque étaient naturellement suffisamment grands pour contenir plusieurs parterres de ce type, de sorte que sur l'ensemble, il y avait toujours au moins une plate-bande au sommet de sa beauté.
Lorsque les temps sont devenus difficiles pour la noblesse anglaise rurale, la plupart de ces parterres ont été laissés à l'abandon et remplacés par des pelouses ou des massifs d'arbustes plus faciles d'entretien. Par bonheur, ces dernières années, grâce au National Trust, certains jardins ont pu être reconstitués et sont conservés à l'identique de leurs originaux grâce aux efforts de bénévoles. Pour obtenir une plantation attrayante, plusieurs facteurs doivent être pris en compte dès la planification. Voici quelques règles fondamentales qu'il faut respecter :

À l'automne, les hortensias apportent à des plantations mélangées une teinte automnale très décorative. Les hortensias à feuilles de chêne ont des tons rouge bordeaux remarquables.

Agencement en étages : Il s'agit de disposer les plantes en fonction de leur hauteur respective. Les espèces et variétés basses sont placées sur le devant, derrière les moyennes et au fond les « géants ». L'agencement en étages d'une plate-bande fait encore plus d'effet quand celle-ci borde un mur ou une haie qui fait ressortir les couleurs. Par exemple, des couleurs pastel tendres peuvent être mises en valeur par une haie de chênes sombre ou un mur de briques rouges, tandis que des fleurs foncées sont avantageusement placées devant une façade jaune pâle ou un vieux mur gris.

Conseil

Les plantes peuvent aussi être plantées isolément. En raison de leur hauteur, leur place est plutôt au second plan. Lors de la plantation, il faut veiller à leur laisser suffisamment d'espace pour qu'elles puissent se déployer et prendre leur port normal.

Un exemple réussi de combinaison ton sur ton : un entrelacement de l'arbre à perruques foncé avec les buissons d'hortensias

Les hortensias à panicules *(Hydrangea paniculata)* s'intègrent parfaitement dans des plates-bandes ensoleillées.

Îlots : S'agissant de parterres situés au milieu d'une pelouse ou accessibles des deux côtés, les mêmes règles s'appliquent en principe, à la différence près que l'on plante les vivaces et arbustes les plus hauts au milieu et les plus bas, autour. Outre l'aspect esthétique, ce principe a pour avantage de laisser suffisamment de lumière à toutes les plantes et évite que les sujets les plus hauts ne fassent trop d'ombre aux plus bas.
Seule exception à la règle : les plantes bulbeuses à floraison printanière doivent plutôt être placées au milieu de la plate-bande. Au moment de leur floraison, les vivaces qui viendront juste de débourrer seront encore basses, et plus tard celles-ci dissimuleront mieux leur feuillage fané.

« Mixed borders » modernes

Comme autrefois, la création de la plate-bande parfaite est considérée comme du grand art. Bien sûr, les parterres n'ont plus les dimensions qu'ils avaient avant, en tout cas dans les jardins de particuliers, surtout en ville. On est également contraint à certaines concessions pour des raisons d'entretien et par manque de temps.
Ce qui compte aujourd'hui, c'est que la plate-bande soit attrayante en toute saison.
Avec une habile combinaison de plantes vivaces, de ligneuses (persistantes), de bulbeuses et de quelques fleurs d'été, un parterre peut connaître plusieurs quintessences dans l'année. Veiller à choisir des plantes ayant des exigences à peu près similaires en matière de sol et d'exposition permet de limiter d'autant l'entretien nécessaire quand les plantes se sont bien enracinées.
Les hortensias ont leur place à plusieurs titres dans un tel parterre. Fleuris, ils lui donnent de la couleur. Dans le milieu du

parterre, ils constituent un bon partenaire pour d'autres plantes vivaces de moyenne hauteur qui fleurissent en même temps. En outre, après la floraison et jusqu'en hiver, leurs inflorescences desséchées sont très décoratives. À l'automne et en hiver, une fois leurs feuilles tombées, leurs fleurs sèches et pointues sont parfaitement mises en valeur. Elles contrastent joliment avec des persistants denses comme le buis, souvent utilisé comme élément structurant dans les plates-bandes.

Associés à d'autres plantes ligneuses

L'une des grandes forces des hortensias est qu'ils fleurissent plus tard que la plupart des plantes ligneuses à fleurs. Cerisiers du Japon et lilas ont défleuri depuis longtemps lorsque les hortensias atteignent leur pleine floraison à la fin de juin.

Partenaires pour hortensias à grandes feuilles et hortensias de Virginie

Pour cette raison, il est judicieux de planter hortensias à grandes feuilles et hortensias de Virginie, au port bas, devant des arbustes plus hauts à floraison printanière. L'été, ces derniers encadreront joliment de vert les fleurs des hortensias. Ce genre de massifs d'arbustes change ainsi de visage entre le printemps et la fin de l'été, tout en restant toujours décoratif. Dans un premier temps, les couleurs claires comme le blanc et le jaune dominent, quand par exemple les spirées *(Spiraea)*, la corète du Japon *(Kerria japonica)* et le forsythia *(Forsythia)* fleurissent. Un peu plus tard dans la saison s'ajoutent les couleurs tendres du lilas *(Syringa)* et en été, les teintes pastel vigoureuses des hortensias prennent le relais.

Les *Hydrangea villosa* et les *Hydrangea aspera* demandent la présence d'une vivace à leurs pieds.

Associations pour hortensias à panicules

Les hortensias à panicules sont des arbustes indispensables dans les parterres et les massifs. Avec leur jolie forme en entonnoir et leur tolérance à des emplacements ensoleillés, les hortensias à panicules étaient voués à être utilisés dans les plates-bandes mixtes. Leurs fleurs blanches à crème s'harmonisent avec n'importe quelles autres fleurs. Outre les « classiques » haies sombres d'ifs *(Taxus)* ou de lauriers-cerises *(Prunus lauro-cerasus)*, les arbustes à feuillage rouge tels que l'arbre à perruques (*Cotinus coggygria* 'Royal Purple') ou le noisetier (variétés au feuillage rouge de *Corylus avellana*), font de très bons partenaires. Dans un « parterre blanc », le partenaire ligneux idéal pourrait s'appeler chlèthre à feuilles d'aulnes *(Clethra alnifolia)*. Pour encadrer des hortensias à panicules plantés isolément, des plantes ligneuses à croissance basse et des couvre-sols comme le millepertuis *(Hypericum)* ou la potentille *(Potentilla fruticosa)* font l'affaire.

La terrasse devient un endroit intime complètement coupé du monde extérieur, grâce à sa haie de hortensias à mi-hauteur.

Partenaires pour *Hydrangea sargentiana* et *Hydrangea aspera*

Hydrangea sargentiana et *Hydrangea aspera* exigent des partenaires ligneux différents. Les **arbustes à feuillage persistant** constituent pour eux une très bonne compagnie : le laurier-cerise *(Prunus lauro-cerasus)*, le mahonia à feuille de houx *(Mahonia aquifolia)*, le rhododendron, les viornes comme le *Viburnum rhytidophyllum,* ainsi bien sûr que toutes les variantes du bambou. N'hésitez pas à jouer sur les hauteurs pour les placer. En général, les cultivars modernes de rhododendrons restent assez bas et peuvent être placés devant, de même que les azalées et leur feuillage caduc. Vous pouvez ici recourir à des variétés dans les tons orange ou jaune vif, car les azalées auront fané depuis longtemps quand les hortensias s'ouvriront.

Les haies d'hortensias

Une haie d'hortensias à grandes feuilles roses ou bleu clair fleurissante est un véritable spectacle. Dans les régions où l'hiver est doux, il est parfois encore possible d'admirer des haies d'hortensias centenaires complètement fleuries en plein été. À un emplacement adapté, elles atteignent généralement une hauteur plus que respectable. En revanche, les hortensias à grandes feuilles risquent de souffrir du gel durant les hivers rigoureux.
À l'abri du vent et du plein soleil, une haie de *H. macrophylla* peut avoir une très longue vie. Les *Hydrangea serrata* présentent aussi une bonne alternative, notamment la sous-espèce *H. serrata* var. *koreana,* originaire de Corée, et la récente *H. serrata* subsp. *yezoeinsis* 'Veerle'. Cette dernière, avec une hauteur de 1,25 m, sera plus élevée que la première qui ne dépasse généralement pas 0,80 m. Ces deux sous-espèces se caractérisent par une excellente résistance au froid. Stolonifères, elles donnent des buissons denses et se prêtent ainsi particulièrement bien à une utilisation en haie.

Les hortensias en sujets isolés ou groupés

En sujets isolés

Isolés, la majorité des arbustes ont une croissance homogène et étalée. Les hortensias ne font pas exception. Dès lors qu'ils ont un espace suffisant de tous les côtés, ils s'épanouissent pour devenir des buissons parti-

Uniquement des hortensias et pourtant une grande diversité : avec suffisamment de place, on peut en réunir toute une collection.

culièrement luxuriants. Ils peuvent être placés isolément sur une pelouse, à proximité d'une terrasse par exemple. De manière générale, ils mettent en valeur des surfaces tapissées de couvre-sols en ajoutant des accents intéressants.
Les paniculata hybrides sur tige en particulier se prêtent très bien à une utilisation en sujet isolé. Ils s'insèrent aussi très bien dans de jolis parterres de fleurs d'été.

En sujets groupés
Plantés à plusieurs, les hortensias peuvent composer une haie relativement sévère ou alors vous pouvez les planter de manière plus informelle. L'association de différents hortensias à grandes feuilles d'une même couleur déclinée, un camaïeu rose par exemple, produit un très bel effet à distance.
Si vous avez du mal à vous décider, aménagez tout simplement un parterre avec différentes variétés. En prenant des teintes pastel, il est impossible de se tromper.

Végétaliser des surfaces avec des hortensias

Les formes d'*H. serrata* précédemment citées et *H. serrata* var. *koreana* et subsp. *yezoiensis* 'Veerle' conviennent très bien pour végétaliser des surfaces. On parle souvent d'« hortensias couvre-sols » comme on parle de rosiers couvre-sols, qui s'appellent d'ailleurs officiellement « rosiers tapissants » aujourd'hui, mais il faut l'entendre dans un sens plus large.
L'hortensia couvre-sol vous permet de végétaliser et d'agrémenter de grandes surfaces de gazon ou de terrain qui sont tristes ou monotones.
Il offre une bonne alternative aux traditionnels plantes tapissantes de mi-ombre, tels que le millepertuis *(Hypericum)* ou le fusain *(Euonymus fortunei)*. Ces hortensias sont particulièrement intéressants pour leur teinte automnale rougeâtre très décorative.

Un usage pas encore très répandu mais plein d'effet : les hortensias en couvre-sols entre d'autres plantes ligneuses vivaces

Ce vieux mur est peu à peu recouvert par un hortensia grimpant *(Hydrangea petiolaris)*.

Associer hortensias et couvre-sols

Les couvre-sols recouvrent des espèces très diversifiées de plantes vivaces et de plantes ligneuses qui, du fait de leur port rampant ou bas et de leur étalement, couvrent vite un sol. La tendance générale est à l'association de plantes ligneuses uniquement afin de minimiser le travail d'entretien.
Les espèces d'hortensias les plus hautes comme *H. sargentiana* et *H. aspera* peuvent avantageusement profiter d'une sous-plantation de couvre-sols, car elles ont un port plutôt aéré et ne sont pas feuillues jusqu'au sol.

Couvre-sols pour l'ombre et la mi-ombre

Pervenche *(Vinca minor)*, fusain *(Euonymus forunei)* et pachysandre *(Pachysandra terminalis)* sont des arbustes couvre-sols importants. Parmi les vivaces, le lamier tacheté *(Lamium maculatum)*, l'ortie jaune *(Lamiastrum galeobdolon)* et le waldsteinie, notamment la stolonifère *Waldsteinia ternata* sont des couvre-sols efficaces. Entre les couvre-sols, il reste suffisamment de place pour des groupes de plantes bulbeuses qui apportent des couleurs, surtout au printemps. *Hydrangea serrata* var. *koreana*, déjà mentionné précédemment, peut lui aussi s'utiliser comme couvre-sol, surmonté d'hortensias au port plus élevé.

Hortensias grimpants dans un jardin

L'hortensia grimpant est plus qu'une simple plante grimpante. Ses grandes inflorescences, visibles de loin, lui confèrent un charme nostalgique unique.

Un charmant arbuste grimpant aux fleurs finement ciselées

Les hortensias sont surtout connus comme des plantes à grandes feuilles luxuriantes de 1 ou 2 m de hauteur. L'hortensia grimpant *(Hydrangea petiolaris)* et son parent proche, le faux hortensia *(Schizophragma hydrangeoides)*, dépassent cette hauteur. Comme le lierre, ils poussent le long des arbres et des murs à l'aide de leurs racines aériennes et peuvent atteindre, dans des conditions optimales, jusqu'à 10 m de haut.

Un végétal pittoresque pour pergolas, cabanes de jardin ou autres…

L'hortensia grimpant ne pousse pas seulement le long des murs et des maisons. *Hydrangea petiolaris* peut aussi très bien garnir de manière pittoresque une pergola, une clôture, une caba-

Les vieux arbres, y compris les arbres morts, sont un support idéal pour les hortensias grimpants. Les rameaux doivent juste être dirigés vers le haut de l'arbre.

ne de jardin ou des troncs d'arbres. Il n'a besoin que de peu de surface au sol et peut être planté même dans un jardin de petite taille. *Hydrangea petiolaris* comme *Schizophragma hydrangeoides* sont originaires des régions montagneuses humides du Japon et sont par conséquent tout à fait adaptés à la mi-ombre et à l'ombre. *H. petiolaris* peut même se mettre sur un balcon ou une terrasse, s'ils ne sont pas plein sud. Il s'épanouit aussi dans de grands contenants pour fleurs.

Les hortensias et la culture en pot

En tant que plantes en pot, les hortensias sont depuis longtemps destinés à fleurir balcons et terrasses. Les hortensias à grandes feuilles *(Hydrangea macrophylla)*, en pot notamment, constituent un cadeau apprécié au printemps. Il s'agit souvent de sujets forcés en serre, qui doivent d'abord être installés à l'intérieur et ensuite seulement sortis sur la terrasse, où ils continuent de fleurir pendant plusieurs semaines.

Conseil

Après les avoir conservés tout l'hiver à l'abri du gel, vous pouvez placer vos hortensias dans les pièces tempérées dès le mois de mars. Si le temps est clément, ils fleuriront sur votre balcon dès le mois de mai, au plus tard après les Saints de glace.

Choisissez des contenants qui sortent de l'ordinaire pour vos hortensias.

Ici, bacs et fleurs s'harmonisent aussi au niveau des couleurs pour un effet optimal.

Le problème de ces variétés d'hortensias vendues comme plantes ornementales réside dans le fait que leur résistance au froid n'est pas un critère primordial. Ces plantes doivent avant tout donner de grandes fleurs, qui s'ouvrent de manière homogène, être faciles d'entretien et/ou réagir au bleuissement. La plupart du temps, leur variété n'est même pas signalée, de sorte que l'acheteur ou la personne qui reçoit ce cadeau ne peut savoir s'il s'agit d'une variété suffisamment résistante au froid. Malgré cela, leur beauté est souvent telle qu'il vaut la peine de les cultiver durablement. Mettez ces sujets dans des pots d'assez grande taille et en hiver mettez-les à l'abri du gel (voir le chapitre « Bien soigner les hortensias en pot », page 88 et suivantes).

Des contenants esthétiques

Pots et bacs contribuent à l'esthétique d'une terrasse ou d'un balcon fleuris. Mais ils ne doivent pas seulement être jolis, ils doivent aussi être pratiques, solides et surtout résistants au gel dans le cas de plantes durables. Ils sont vendus dans des matériaux très variés.

Les moins chers sont les **pots en plastique**. Les coloris classiques sont le blanc, le marron et le vert, mais vous êtes libre de choisir n'importe quelle autre couleur qui s'accordera selon la plante que vous prévoyez de planter. Lors de l'achat, assurez-vous qu'il soit de bonne qualité. Les couleurs doivent être à l'épreuve de la lumière et ne pas passer avec les ans. En général, les fabricants de produits de marque offrent une garantie de plusieurs années. Souvent, les pots en plastique imitent parfaitement d'autres matériaux, comme la terre cuite.

Les pots en plastique présentent l'avantage d'être relativement légers et bon marché. Il existe, outre les modèles de base, des modèles avec réservoir d'eau incorporé.

Les **pots à base de béton mélangé** font l'effet du granit, du marbre ou de la pierre naturelle en fonction des matières utilisées, tout en ayant l'avantage d'être bien moins coûteux.

Les **pots en terre cuite et en argile** sont les grands classiques en matière de conteneurs. De grande qualité et résistants au gel, ils durent presque toute la vie.

Les tons rougeâtres agréables d'un bon conteneur en terre cuite s'harmonisent parfaitement avec des hortensias. À la différence du plastique, ce matériau respire et absorbe ce faisant une partie de l'eau d'arrosage. Vous devrez donc être un peu plus généreux quand vous arroserez vos plantes.

Les **contenants vernissés** sont le plus souvent en grès. Les tons bleus lumineux sont particulièrement appréciés car la brillance de la surface les met particulièrement bien en valeur. Mais les tons terre ou verts ont aussi leur charme : ils ont une allure plus rustique et s'accordent particulièrement bien avec des sols en pierre naturelle ou en brique. Pour ceux qui aiment les matériaux nobles, il existe un large assortiment de contenants en **zinc, inox et cuivre**. Avec le temps, ces matériaux prennent une jolie patine. De plus, ils sont quasiment indestructibles.

Les contenants en osier s'accordent merveilleusement bien avec le revêtement rustique de l'allée et la façade de la maison en brique.

Les bricoleurs peuvent fabriquer des **contenants en bois**, comme ceux que l'on voit dans les parcs, dans lesquels on place ensuite des pots en plastique.

Les hortensias dans l'art floral

Les fleurs des hortensias, plus exactement les sépales décoratifs, conservent longtemps leur beauté sur la plante, même s'ils perdent progressivement leur couleur. Mais c'est justement au stade où ils pâlissent peu à peu que leur beauté éthérée prend toute sa dimension. Pour préserver cette beauté fragile le plus longtemps possible, le mieux est de les faire sécher. Plusieurs procédés ont fait leurs preuves et méritent d'être décrits ici.

Pour les trois premières méthodes, il vous faudra couper les fleurs quand elles n'auront pas encore perdu leurs couleurs vigoureuses. Toutefois ne coupez pas de trop longues tiges de macrophylla hybrides car vous risqueriez alors de couper avec elles les bourgeons nécessaires à la floraison suivante. Ce risque n'existe pas pour les hortensias à panicules, puisqu'ils fleurissent sur le bois de l'année.

Les inflorescences séchées, notamment celles des hortensias à grandes feuilles *(Hydrangea macrophylla)*, peuvent servir à faire de beaux bouquets ou compositions de fleurs séchées. Des fruits viennent compléter cet arrangement automnal.

Faire sécher les fleurs

- **En les privant simplement d'eau :** Mettez les hortensias coupés dans un vase avec seulement un fond d'eau et n'en rajoutez pas plus par la suite. L'eau s'épuise peu à peu et les hortensias commencent à sécher. Au toucher, les fleurs sont comme du papier et ont un aspect légèrement chiffonné. Toutefois, avec cette méthode de séchage, les fleurs perdront aussi beaucoup de leur couleur.
- **Avec de la glycérine :** La deuxième méthode consiste à les conserver dans de l'eau glycérinée. Préparez une solution avec 2/3 d'eau et 1/3 de glycérine (vendue en pharmacie) et placez les tiges des hortensias dedans. L'hortensia absorbe l'eau glycérinée, l'achemine jusqu'aux fleurs où elle est stockée dans les cellules. L'eau s'évapore en quelques jours, mais la glycérine reste dans la fleur et la

conserve. Les fleurs deviennent molles et souples et leur couleur perdure très longtemps – pendant deux à trois ans !

- **Avec du gel de silice :** Pour cette méthode très efficace, vous aurez besoin de gel de silice comme agent desséchant (on le trouve sous forme de poudre) et d'un récipient hermétique refermable suffisamment large pour contenir une fleur. Enduisez le fond du récipient d'une fine couche de gel de silice. Maintenez la fleur la tête en bas dans le récipient et rajoutez du gel de silice. Une fois la fleur complètement recouverte, refermez le récipient. Après quatre jours, videz le récipient. La fleur est désormais conservée. Le gel de silice est réutilisable.
  Une variante moins coûteuse – le secret de nombreux fleuristes – consiste à utiliser de la litière pour chats à la place du gel de silice. Veillez à ce qu'elle soit très finement granulée et qu'elle ne grumelle pas.

Le séchage à l'air libre

Pour ce faire, il faut que les fleurs aient déjà commencé à sécher sur la plante. Dès que, au toucher, elles sont comme du papier, coupez-les. Effeuillez la tige, laissez seulement les inflorescences. Suspendez les tiges une à une dans un endroit aéré et ombragé et laissez sécher.

Fleurs, fruits, feuillage : ce panier composé constituera un ornement durable dans votre maison.

Idées de compositions séchées

Les inflorescences séchées peuvent s'utiliser de diverses manières.

- Dans un **bouquet de fleurs séchées** classique, les hortensias peuvent rester entre eux. L'important est de composer un bouquet luxuriant sans contraintes.
- Dans une **composition** ou une **couronne**, les hortensias peuvent être travaillés avec des fruits et des graines de toutes sortes ainsi qu'avec du feuillage de persistant séché lui aussi.
- En **été** et en **automne**, vous pouvez aussi très bien ajouter des brins d'herbe ou des épis à l'allure expressive.
- Pour **Noël,** combinez-les à des petites pommes de pin dorées ou des fruits d'aulne.

Planter et entretenir des hortensias

Si vous faites le bon choix en matière d'espèces et de variétés, à un emplacement adapté et avec l'entretien nécessaire, vos hortensias deviendront pour longtemps de solides arbustes aux fleurs splendides. Ceux qui vivent dans une région où l'hiver est rigoureux peuvent ne pas renoncer aux espèces plus délicates, car ils ont toujours la possibilité de cultiver en pot leur fleur favorite.

Achat et choix

Les pépinières et jardineries bien approvisionnées proposent aujourd'hui un grand choix d'espèces et de variétés d'hortensias, mais aussi de tailles variables. Naturellement, plus un sujet est grand, plus il est cher, puisqu'il a été cultivé et entretenu en pépinière plus longtemps. À vous de voir si vous préférez dépenser plus d'argent pour avoir rapidement des plantes de grande taille ou si vous préférez acheter des exemplaires plus petits, mais moins chers, et patienter jusqu'à ce qu'ils aient atteint leur taille définitive.

Qualité et forme à l'achat

De manière générale, les arbustes sont vendus en racines nues, en motte ou en conteneur. Les moins chers sont toujours les plantes en racines nues, qui sont arrachées directement à la pépinière entre octobre et avril quand il ne gèle pas et qui sont vendues immédiatement. Ce n'est pas une manière de procéder courante pour des hortensias.

Une **plante en motte** est régulièrement transplantée dans la pépinière pour que la motte reste compacte. À la vente, la motte est enveloppée dans une tontine, un sac en toile de jute, qui empêche les racines d'être abîmées ou de se dessécher. Là aussi, on ne peut pas planter toute l'année, mais seulement entre octobre et avril, lorsqu'il ne gèle pas.

Les **plantes en conteneur** sont élevées dès le début dans des pots en plastique à la pépinière. Elles peuvent être plantées à n'importe quelle période, mais elles sont également plus chères. Depuis quelques années, les pépiniéristes vendent de plus en plus leurs arbustes en conteneur, si bien que le choix est désormais assez large.

Flamboyance automnale. Les fleurs des hortensias peuvent maintenant – ce n'est pas obligatoire – être ôtées.

Planter au bon endroit

Les besoins des hortensias en matière d'exposition, d'eau et de nutrition diffèrent selon les espèces. Certains principes de base sont néanmoins valables pour tous.

Le sol

Le sol idéal est un sol frais, humifère, perméable, nutritif et légèrement acide à neutre. Mais même dans un sol de jardin nor-

Ces hortensias ont désormais une floraison suffisamment bien garnie pour être vendus en conteneur.

En présence d'un sol humifère et régulièrement approvisionné en humidité, les hortensias supportent durablement la concurrence des racines des grands arbres.

mal, les hortensias se développent bien. L'important est de les alimenter suffisamment en eau, surtout l'été, sinon ils se ramollissent vite. Dans leur lieu d'origine, beaucoup d'espèces poussent à proximité de cours d'eau. Leur nom botanique *Hydrangea* – *hydro* signifiant « eau » et *angeion*, « vase » – indique déjà que la plante peut absorber beaucoup d'eau.

L'essentiel est donc que le sol soit aussi profond que possible et surtout pas tassé, car cela perturberait sensiblement la capacité de rétention des racines. Le sol idéal est frais à humide, mais jamais saturé d'eau. Dans un tel sol, les racines pourrissent inévitablement, car elles ne reçoivent pas suffisamment d'oxygène.

pH

Pour un développement optimal des hortensias, notamment pour les hortensias à grandes feuilles *(Hydrangea macrophylla)*, le sol doit être humide, riche en humus et légèrement acide. Si le sol est très alcalin, les hortensias pâlissent, le feuillage jaunit progressivement. Ce symptôme classique est appelé **chlorose**. Néanmoins, ils tolèrent un pH plus élevé si le sol contient suffisamment d'éléments nutritifs, notamment du fer.

Test du sol

Comment tester le sol de votre jardin ? C'est très simple : prélevez avec une bêche des échantillons de terre à différents endroits et prenez la terre dans votre main.

L'échantillon de terre est gluant au toucher, vous parvenez à en faire des petites boulettes ? Cela signifie qu'il est fortement glaiseux et a tendance à être peu drainant. D'un autre côté, en période de sécheresse, votre sol retiendra plus longtemps l'humidité. Vous pouvez amender un sol de ce type en lui apportant une bonne dose de compost mûr, de sable et de matières végétales finement broyées.

Semer des **engrais verts** annuels comme la phacélie ou la moutarde des champs, qui sont enfouis rapidement après leur nécrose, est une mesure efficace. Des apports réguliers de compost acide contribuent à amender la qualité du sol en continu.

En revanche, un sol léger se caractérise par sa grande part de sable. Il s'ameublit très facilement. Quand vous prenez la terre en main, vous pouvez sentir les grains de sable. La terre est friable et ne se laisse pas modeler, elle se délite immédiatement. Ce genre de sol peut également être amendé jusqu'à un certain point en y ajoutant autant de matières organiques que possible, comme du compost ou de l'humus d'écorce. En outre, vous devrez lui apporter de la poudre de roche, qu'on peut facilement se procurer dans le commerce, mais suivez bien les recommandations du fabricant.

Préparation du sol

Dans tous les cas, il est essentiel d'ameublir le sol en profondeur avant la plantation. Quand l'emplacement prévu est resté en friche pendant des années, le sol est généralement tassé et épuisé. Les pelouses prévues pour la plantation ont elles aussi une surface fortement tassée. Vous pouvez ameublir de tels sols en les bêchant en profondeur. Le mieux est de le faire en automne.
L'hiver, l'alternance gel/dégel améliorera encore la structure du sol. Le semis d'**engrais vert** a fait ses preuves. Les racines atteignent les couches profondes du sol et l'ameublissent. Il s'agit la plupart du temps de plantes annuelles qui sont simplement enfouies après la floraison et fournissent ainsi un supplément d'humus. Certaines espèces absorbent l'azote de l'air et fixent celui-ci dans leurs racines. Le sol reçoit ainsi un premier apport en engrais vert.
Le **compost mûr** fournit un humus précieux et peut être utilisé généreusement pour amender un sol. Le jardin donne d'autres sources d'humus qui permettent d'alimenter le sol :

- Résidus broyés
- Paillis d'écorce
- Compost d'écorce
- Gazon tondu
- Feuilles tombées en automne

Pour vérifier le pH du sol, il existe des tests rapides que l'on peut facilement trouver dans les jardineries et dans certaines grandes surfaces.

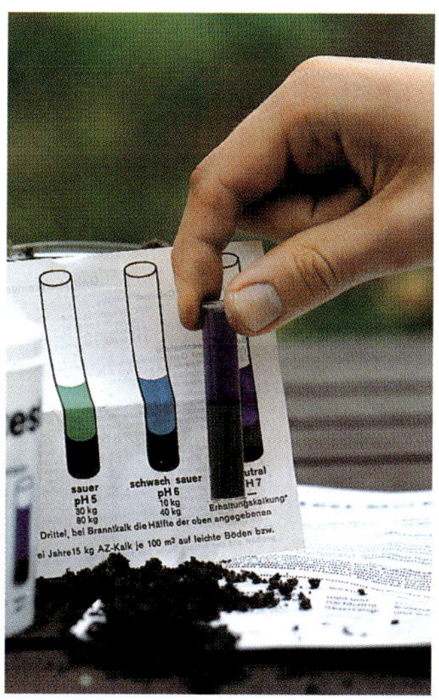

Le paillage

Le paillage d'écorce ou de déchets ligneux compostés a fait ses preuves. Ses avantages sont multiples :

- La couverture hermétique du sol retient mieux l'humidité dans le sol. L'arrosage est donc moins fréquent : un avantage économique et de temps non négligeable.
- La lente décomposition des matières nourrit en continu les racines des plantes. De plus, les bactéries et petites bêtes qui participent au processus de décomposition aèrent le sol.
- Une couche de paillis empêche en grande partie les mauvaises herbes de pousser

Conseil

Le pH des hortensias

Pour déterminer le pH du sol, vous pouvez effectuer un test rapide disponible dans le commerce et très facile à exécuter. Un pH en dessous de 6 signale un sol acide, un pH au-dessus de 7, un sol alcalin. Le pH d'un sol argileux et alcalin peut être abaissé un peu par l'emploi d'humus d'écorce, plus spécifiquement de résineux.

Un paillis empêche les mauvaises herbes de pousser et retient en plus l'humidité.

car elles sont privées de lumière et épargne ainsi un travail considérable au jardinier.

- Les matières du paillis sont détruites après un à deux ans, il faut par conséquent renouveler le paillage régulièrement.

Conseil

Les couvre-sols tels que le lierre (variétés rampantes à petites feuilles *Hedera helix*), le pachysandre *(Pachysandra terminalis)* et la pervenche *(Vinca minor)* freinent les mauvaises herbes sans consommer trop d'éléments nutritifs.

Mesures à prendre en cas de sol trop calcaire

Tous les hortensias s'épanouissent de manière optimale sur un sol acide à neutre. Même si la plupart tolèrent aussi un sol alcalin, vous auriez intérêt à faire baisser des pH trop élevés (pH › 7,5).

Un sol au pH élevé avec une nutrition non optimale peut entraîner ce qu'on appelle la chlorose, c'est-à-dire un jaunissement des feuilles. Le mieux sur ce type d'emplacement est de remplacer la terre. Pour ce faire, creusez un trou d'au moins quatre fois la taille de la motte. Disposez dans ce trou un mélange de terreau de feuilles et de compost mûr, assorti d'un peu de tourbe. Si vous n'avez pas de terreau de feuilles à disposition, vous trouverez dans le commerce un terreau spécifique pour les plantes de terre de bruyère.

Sans pour autant changer toute la terre, vous pouvez acidifier votre terrain en mélangeant de la matière organique à la terre existante. Avec l'utilisation d'un engrais complet minéral pauvre en chlore (c'est-à-dire pauvre en sel) comme engrais de départ, la plante bénéficiera des meilleures conditions possibles pour pousser.

L'utilisation d'engrais enrobés à action longue est préconisée pour les hortensias en pot.

Un engrais progressif est un engrais minéral efficace sous forme de granulés et que l'on trouve partout dans le commerce. Il libère ses effets pendant quatre à cinq mois. Il existe également des engrais enrobés spécifiques pour conifères, par exemple « Algoflash » de Compo, qui sont adaptés, ou de l'engrais pour sapin.

À la plantation, une ou deux poignées mélangées au substrat de la plante suffisent.

Quand la plantation a lieu au printemps, il n'est pas nécessaire de rajouter de l'engrais la première année. Avec une plantation à l'automne, il faut réitérer la fertilisation au mois de mars, en épandant délicatement la même quantité d'engrais à la surface.

Les conditions d'exposition adéquates

De la même manière qu'elles ont des apparences et des ports différents, les diverses espèces d'hortensias n'ont pas les mêmes **exigences en termes d'exposition**.
À un **endroit protégé**, sous des arbustes plus hauts qui leur assurent une légère ombre et les mettent à l'abri du soleil de midi, avec un sol humifère et frais, tous les hortensias peuvent devenir de plantureux arbustes à fleurs. Cela étant, certaines espèces peuvent être cultivées même dans des conditions plus extrêmes, que ce soit le plein soleil ou l'ombre profonde, mais certaines seulement. Leur origine est souvent un bon indicateur des conditions d'exposition qu'elles requièrent.
Les espèces à grandes feuilles, *H. aspera* et *H. villosa* par exemple, s'épanouissent aussi bien à la mi-ombre qu'à l'ombre, mais en plein soleil, leur beau feuillage souffre considérablement, jusqu'à griller dans le pire des cas. En raison de leur feuillage massif, beaucoup d'eau s'évapore au soleil et la plante n'arrive pas à « refaire le plein » assez vite.

Les hortensias en boules et les hortensias à panicules, eux, se plaisent au soleil, à condition que le sol soit assez humide.

Les meilleures espèces d'hortensias pour chaque type d'emplacement

- **Ombre,** sous des arbustes plus hauts, « en situation de forêt » :

Hydrangea arborescens
Hydrangea aspera
Hydrangea quercifolia
Hydrangea sargentiana
Hydrangea villosa

- **Mi-ombre,** avec plusieurs heures de soleil par jour :

Hydrangea arborescens
Hydrangea aspera
Hydrangea involucrata
Hydrangea macrophylla
Hydrangea paniculata
Hydrangea quercifolia
Hydrangea sargentiana
Hydrangea serrata
Hydrangea villosa

- **Soleil à ombre légère,** ensoleillement direct prolongé :

Hydrangea arborescens
Hydrangea heteromalla
Hydrangea macrophylla
Hydrangea paniculata

La plantation

Plantes en motte

Si la culture d'arbustes en conteneur a considérablement augmenté ces dernières années, les hortensias, surtout les espèces sauvages hautes, sont souvent encore vendus en motte au printemps et en automne. Il s'agit de plants arrachés de leur champ de culture à la pépinière et enveloppés dans un sac en toile de jute. Cette **tontine** maintient la terre autour des racines. Pour planter une motte, creusez un trou suffisamment grand.
Règle d'or à respecter : le diamètre et la profondeur du trou doivent faire environ une fois et demi les dimensions de la motte.

Conseil

Il vaut mieux planter les arbustes par temps gris ou couvert, car l'eau s'évapore moins. Les plantes supportent mieux le choc de la transplantation. Dans tous les cas, il convient d'arroser généreusement l'arbuste fraîchement planté les premiers temps, jusqu'à ce qu'il soit bien enraciné.

Ameublissez à la fourche-bêche le fond et les parois du trou de plantation. Mélangez ensuite le déblai avec du compost mûr et ajoutez-y une poignée de copeaux de corne. Videz un arrosoir rempli d'eau au fond du trou et laissez infiltrer. Maintenez la plante dans le trou. Elle doit être enfoncée au même niveau que dans son champ de culture. Les éventuels points de greffe doivent se trouver à deux ou trois doigts en dessous de la terre. La tontine est laissée sur la motte, elle se décompose au bout de quelque temps. Remplissez le trou de terre jusqu'à ce que la motte se trouve à la bonne hauteur. Puis remplissez les côtés avec la terre qui reste.

Après la plantation, arrosez soigneusement. Une cuvette d'arrosage permet de diriger l'eau sur la plante.

Tassez prudemment la terre avec le pied pour qu'il n'y ait pas de trous d'air entre la motte et la terre. Formez autour du pied de la plante une cuvette d'arrosage de 5 à 10 cm de hauteur pour empêcher le ruissellement de l'eau d'arrosage. Pour finir, arrosez abondamment la plante.

Plantes en conteneur

Les plantes vendues en conteneur – le cas le plus courant actuellement – peuvent être plantées n'importe quand entre le printemps et l'automne. Les « conteneurs » sont des pots en plastique dans lesquels les plantes ont été élevées. Quand elles sont restées trop longtemps dedans, les racines forment un chignon et courent le long des parois intérieures du pot en en ressortant par les petits trous du fond. Une plante en conteneur de bonne qualité se reconnaît au fait que la motte est traversée par les racines et ne se délite pas lorsqu'on la retire de son pot. Mais il ne faut pas qu'il y ait trop de racines à la surface.

Avant la plantation, arrosez soigneusement les arbustes en conteneur. Vous pouvez les laisser tremper pendant une heure avec leur pot dans une bassine ou un seau. Dépotez ensuite les plants. Quand ils sont de petite taille, retournez les arbustes, tenez-les au collet et tirez-les doucement hors du pot. Si besoin est, appuyez légèrement sur le pot et tapotez. Pour des sujets plus grands, découpez simplement le conteneur (soyez prudents !). La plantation en elle-même se fait comme précédemment décrit pour les plantes en motte.

Autres conseils pour planter

L'**époque idéale pour planter** vos hortensias est le printemps, jusqu'à la mi-mai au plus tard. Les plantes en conteneur peuvent aussi être plantées pendant l'été. Dans ce cas, vous devez prendre soin d'arroser abondamment après la plantation. Une plantation à l'automne est également possible, mais doit avoir lieu le plus tôt possible, à la fin de septembre au plus tard, pour que les plantes puissent s'enraciner suffisamment avant les premières gelées.

Pour déterminer l'**espacement des plantes**, référez-vous aux performances de croissance des arbustes.

Pour que les hortensias aient une croissance homogène, pensez à laisser un espacement suffisant entre les jeunes plants lors de la plantation.

Les hortensias ont besoin de beaucoup de place. Coincés entre d'autres plantes, l'effet des ombelles fleuries est ténu. Par conséquent, dégagez suffisamment de place autour des plantes pour qu'elles puissent se développer de manière bien proportionnée et homogène. Si, au fil des années, un hortensia manque d'espace, il est possible de le transplanter, même âgé. Le meilleur moment pour le faire est le printemps.
L'essentiel est de ne pas endommager la motte et de replanter immédiatement la plante dans un nouvel emplacement après avoir bien préparé celui-ci.

La nutrition

Le secret des fleurs bleues

La couleur naturelle des hortensias, y compris des variétés macrophylla, est le blanc, le rose ou le rouge. Les fleurs bleues sont obtenues par un traitement spécifique du sol, uniquement pour les *Hydrangea macrophylla*. Le bleu des fleurs ou plutôt son obtention est longtemps demeuré une énigme. Aujourd'hui, celle-ci est résolue : le responsable de la coloration bleue est un pigment, la delphinidine, qui en présence d'alun (un composé d'aluminium) bleuit les fleurs.

Pour obtenir un bleuissement intense, vous devez donc faire en sorte que le sol soit acide et contienne de l'alun. Vous pouvez incorporer l'**alun** nécessaire dans le sol avec l'eau d'arrosage. Pour cela, il suffit d'acheter une préparation toute prête dans une jardinerie, ce qu'on appelle de la poudre à bleuir, ou de vous procurer du sulfate de potassium et d'alumine en pharmacie, solution plus économique. Sachant cela, un sol acide, c'est-à-dire avec un pH bas, n'est pas nécessairement synonyme d'une floraison bleue. En général, on observe certes une légère coloration bleue mais, sans ajout d'alun, le bleu tire plutôt sur le violet. Par ailleurs traitées de la même manière, toutes les variétés ne réagissent pas avec la même intensité, elles prennent un bleu plus ou moins prononcé et adoptent différentes nuances.

Engrais

Ce n'est qu'avec une nutrition équilibrée et suffisante que les hortensias, comme beaucoup de plantes à fleurs, fleurissent abondamment et deviennent des plantes saines et homogènes. L'équilibre est capital : à long terme, trop de nourriture ou, au contraire, pas assez nuit à la plante.

Engrais organiques

Ils sont fabriqués à partir de matières végétales ou animales parfois associées à des produits d'origine minérale. Ils agissent lentement et régulièrement, puisqu'ils sont progressivement décomposés par les micro-organismes qui vivent dans le sol et les plantes utilisent leurs éléments nutritifs. Quand les températures sont élevées, les micro-organismes travaillent plus vite ; quand elles sont basses, plus lentement. Dans tous les cas, les plantes mettent trois à quatre semaines à absorber les engrais apportés. Au nombre des engrais organiques figurent le compost mûr, les copeaux de corne, le fumier de vache. Le fumier de vache bien décomposé (pas de fumier de poule !) est l'un des meilleurs engrais organiques pour les hortensias, car il renferme la bonne association de nutriments et n'est pas trop azoté.

Engrais minéraux

Les engrais minéraux quant à eux se dissolvent dans l'eau et sont immédiatement absorbés par les plantes. On peut en trouver dans le commerce sous forme de mélanges ou de minéraux simples. Le phosphate, la potasse et l'azote font partie de cette catégorie. Lors de leur utilisation, il ne faut pas oublier que le surplus non absorbé par les plantes arrive vite dans la nappe phréatique. L'adage « mieux vaut trop que pas assez » n'a donc pas sa place ici. Mieux vaut en épandre souvent, mais avec parcimonie, quand les plantes ont besoin de beaucoup de nutriments. Il faut signaler que le risque de surdosage existe également avec les engrais organiques : le compost à base de gazon tondu et de déchets végétaux est très azoté, il faut donc éviter d'en abuser. Respectez les doses.

Outre les engrais purement organiques ou minéraux, on trouve aussi des engrais mixtes, ce qu'on appelle **engrais organo-minéraux**. Ils agissent vite et durablement.

Les engrais spécifiques pour hortensias se trouvent sous forme liquide ou en granulés.

Analyse du sol
Si vous voulez savoir si votre sol est bien alimenté et s'il n'a pas d'éventuelles autres carences, vous pouvez en envoyer des échantillons à un laboratoire spécialisé. Celui-ci vous fournira une analyse de votre sol et des indications sur l'engrais que vous devez lui apporter.

Le compost, une nourriture naturelle précieuse pour les plantes

Le cycle naturel de la nature crée l'humus quotidiennement. Chaque feuille tombée, chaque brin d'herbe flétri est transformé en humus par les innombrables micro-organismes du sol. Dans un jardin, le compostage des déchets de la taille des plantes vivaces et des arbustes, des feuilles et des déchets végétaux ménagers permet leur revalorisation pour nourrir les plantes.
L'apport régulier de compost mûr répond à une grande partie des besoins des plantes. Seuls les besoins spécifiques des plantes sont satisfaits avec l'emploi d'un engrais spécial.
L'utilisation d'un **compost mélangé** est à recommander, car il offre des apports nutritifs équilibrés.
L'**humus d'écorce** offre, lui, une très bonne couverture du sol et empêche son dessèchement et la prolifération de mauvaises herbes. Il est épandu sur le sol après la plantation en une couche régulière de 2 à 3 cm d'épaisseur. Il est important de savoir que l'humus d'écorce absorbe une partie de l'azote contenu dans le sol. Dans ce cas, un supplément de compost mélangé, très riche en azote, permet de compenser le déficit.

Le compost est un engrais précieux et le moyen de revaloriser les déchets végétaux de votre jardin.

Conseil

Le marc de café est un excellent composant de compost pour les hortensias. Il est recommandé de le composter à part, en collectant une grande quantité de filtres usagés et en y ajoutant des copeaux de persistants et de résineux.

Arrosage

La première année suivant la plantation surtout, un arrosage régulier et important est de rigueur, jusqu'à ce que vos hortensias se soient bien enracinés. Il est recommandé, tout de suite après la plantation, d'arroser en conséquence. Les premières semaines, voire les premiers mois, le sol autour des hortensias fraîchement plantés ne doit en aucun cas se dessécher complètement.
Bien enracinées, les plantes sont capables de survivre à une courte sécheresse sans subir de gros dommages, mais en cas de sécheresse prolongée, on n'échappe pas à un arrosage en profondeur.
Les racines des hortensias ne sont pas très profondes et ont donc besoin de suffisamment d'eau à proximité à la surface du sol.

Même à l'ombre d'arbustes plus hauts, il faut arroser abondamment en période de sécheresse, car la concurrence des racines peut vite conduire à la sous-nutrition. Les hortensias supportent difficilement la concurrence des autres plantes en matière de nutrition. N'oubliez pas que les hortensias proviennent en majorité de noues alimentées régulièrement en eau et qui se caractérisent par une forte humidité permanente. Il ne faut pas espérer voir ces arbustes exposés à une ombre sèche ou au plein soleil survivre à un été faible en précipitations sans un système d'arrosage abondant. Si vous faites construire, il peut être judicieux de prévoir d'emblée un arrosage automatique avec les arrivées d'eau nécessaires, car quand l'été est sec, l'arrosage indispensable peut vite devenir une corvée.

Eau du robinet ou eau de pluie ?

La meilleure eau d'arrosage est naturellement l'eau de pluie, qui a aussi l'avantage de ne pas faire exploser votre facture d'eau. Si vous disposez d'un jardin ou d'une terrasse, vous pouvez récupérer cette eau précieuse à l'aide d'un bac. Ces bacs ne sont pas forcément en plastique vert ou bleu, on trouve aussi des modèles plus esthétiques dans le commerce. Par exemple, on peut utiliser un tonneau en bois ou encore une cuve imitant l'aspect de la roche. Ou bien pourquoi ne pas faire disparaître ces bacs de récupération sous des plantes grimpantes ?

Si vous utilisez de l'eau du robinet pour l'arrosage, il est préférable de laisser reposer les arrosoirs remplis d'eau quelques heures pour que celle-ci se réchauffe avant que vous n'arrosiez. Cela permet aussi au chlore présent dans l'eau de distribution de s'évaporer. L'arrosage sera plus efficace.

La taille

Les différentes espèces d'hortensias ont, comme nous l'avons déjà vu, des exigences différentes en matière de taille, principalement du fait de leur mode de floraison.

Les hortensias sont traditionnellement divisés en deux groupes concernant la taille :

- Le premier groupe **fleurit sur le bois de l'année précédente** et ne doit en aucun cas être taillé sévèrement au printemps.
- Le second groupe **fleurit sur le bois de l'année** et peut sans problème être taillé au printemps, même de manière radicale.

Pour le premier groupe : la taille de rajeunissement ou taille d'éclaircissement

Les hortensias à grandes feuilles et les Teller n'ont besoin d'aucune taille les premières années. Le mieux est de les laisser tout à fait tranquilles dans un premier temps, afin qu'ils prennent une forme de buisson homogène. Plus tard, ils peuvent être éclaircis régulièrement. Pour ce faire, on coupe au printemps un tiers des rameaux, les plus vieux, presque à ras du sol. De cette manière, on va favoriser la repousse de nouveaux rameaux depuis la base. Vous éviterez ainsi un vieillissement des arbustes.

Sans aucune taille d'éclaircissement, les arbustes se muent en broussailles opaques. Les rameaux les plus anciens se nécrosent et les fleurs se raréfient.

Une exception : *Hydrangea aspera*. Il fait certes partie de ce premier groupe, mais il supporte à l'occasion d'être taillé sévèrement à 15-30 cm en mars ou avril. Il sera d'autant plus garni de fleurs l'année suivante.

Pour le second groupe : le rabattage

Toutes les espèces qui fleurissent sur le bois de l'année sont vigoureusement raccourcies au printemps.
L'hortensia de Virginie *(H. arborescens)*, qui aime l'ombre, et ses variétés peuvent être rabattus quasiment à ras du sol au printemps. Cela revitalise leur floraison et donne des fleurs en boules particulièrement grosses. Sinon, un rabattage modéré suffit, surtout pour les sujets jeunes. Si l'on rabat à nouveau une partie des rameaux à la mi-juin, les fleurs seront plus tardives, mais resteront abondantes jusqu'à septembre. En l'absence d'un bon rabattage au printemps, l'hortensia à panicules *(H. paniculata)* s'affalera après quelques années. Il faudra alors absolument procéder à un rabattage ciblé pour le rajeunir.
Important : Deux variétés d'hortensias à panicules, 'Praecox' et 'Dharuma', forment, contrairement aux autres, leurs bourgeons dès l'année précédente et ne doivent en aucun cas être rabattus au printemps, mais en septembre, directement après la floraison de l'été. Leur protection hivernale devra être suffisamment bonne !

Chez les hortensias qui **fleurissent sur le bois de l'année précédente**, on enlève au printemps les vieilles inflorescences.

Les hortensias qui **fleurissent sur le bois de l'année** peuvent être rabattus généreusement au printemps.

Formation des fleurs chez les hortensias

Fleurissent sur le bois de l'année	Fleurissent sur le bois de l'année précédente
Hortensia de Virginie *H. arborescens*	Hortensia à grosses feuilles *H. macrophylla*
Hortensia à panicules *H. paniculata*	Hortensia à feuilles de chêne *H. quercifolia*
	Formes d'*Hydrangea serrata*

Les rameaux trop serrés peuvent à tout moment être enlevés ou raccourcis.

Taille d'entretien en cas de besoin

Les imposants ***H. sargentiana*** et les **hortensias grimpants** ne nécessitent **aucune taille**, sauf s'ils deviennent vraiment trop hauts. Mais, même dans ce cas, il convient de supprimer seulement une partie des rameaux et de raccourcir prudemment les autres. L'été suivant, la floraison sera un peu moins fournie, mais la plante conservera son habitus naturel.

Si, au cours de l'été, les arbustes sont devenus trop touffus, vous pouvez également les éclaircir en automne en les raccourcissant ou en les coupant.

L'**hortensia à feuilles de chêne** *(H. quercifolia)* devrait si possible **ne pas être taillé du tout**, même âgé. Il perd sinon son joli port souple. Si l'on n'aime pas ses inflorescences séchées, on peut les couper dès l'automne. Les inflorescences anciennes devront de toute façon être enlevées au plus tard au printemps, pour ne pas gêner la repousse.

Protection hivernale et multiplication

Protection hivernale

La résistance au froid de chaque espèce d'hortensias est très variable et dépend également beaucoup de leur emplacement dans le jardin.

Les plantes en elles-mêmes ne sont pas menacées par des températures inférieures à zéro. Même s'ils gèlent, les rameaux bourgeonneront quand même au printemps. Il en va de même pour beaucoup de plantes ligneuses qui fleurissent en plein été, on les rabat donc résolument au printemps pour qu'elles repoussent avec vigueur par la suite.

Le gros inconvénient des hortensias (en tout cas de certaines espèces) est le fait que les arbustes forment leurs bourgeons de fleurs dès la fin de l'été pour l'année suivante. Si ces **bourgeons en dormance** sont endommagés par le gel, ils ne fleuriront pas l'été suivant. Cela vaut notamment pour les hortensias à grandes feuilles *(H. macrophylla)* et les hortensias Teller japonais *(H. serrata)* plus fragiles, mais qui leur ressemblent beaucoup. Dans les endroits exposés et venteux, une bonne protection hivernale est donc essentielle, surtout avec le soleil d'hiver.

L'épandage d'une couche épaisse de **feuilles séchées** offre une bonne protection. Le mieux est de placer un treillis métallique autour de la plante après avoir versé dessus une quantité abondante de feuilles, auxquelles peut être mélangée de la paille. Un treillis empêche les feuilles d'être emportées par le vent. Vous pouvez aussi entourer les arbustes d'une natte tressée et l'ajout de feuilles séchées constitue une protection supplémentaire.

Chez les espèces qui fleurissent sur le bois de l'année, le gel des rameaux en hiver n'est pas dramatique dans la mesure où en principe on les rabat au printemps. Mais le premier hiver suivant la plantation, elles aussi apprécient d'être couvertes, surtout au niveau du collet.

Conseils pour une protection hivernale efficace dans les régions aux hivers froids :

- Ne donnez plus d'engrais aux plantes à partir de la mi-août.
- Maintenez le sol humide durant les mois d'automne, tant qu'il n'est pas encore gelé.
- Couvrez les plantes en hiver (au niveau du collet) avec un paillage d'écorces ou de feuilles. Il n'est pas nécessaire de rabattre complètement tous les rameaux.
- Dès le dégel du sol au printemps, vous pourrez ôter la protection hivernale. La plante forme alors de nouveaux rameaux.
- Les plantes poussent d'abord lentement après l'hiver mais dès que les températures augmentent, à la fin du printemps, leur croissance s'accélère nettement.

Multiplier des hortensias

Si vous souhaitez multiplier seulement quelques sujets le plus simplement possible, optez pour le **marcottage**. On arque les branches vers le sol, on les fixe dedans en les recouvrant de terre, tout en laissant leur partie terminale à l'air libre. Après un an environ, de nouvelles racines se forment au niveau de la partie recouverte de terre et la branche peut alors être séparée de la plante-mère et transplantée.

La multiplication par **bouturage** permet d'obtenir un plus grand nombre de jeunes plantes. Prélevez en juin ou en juillet sur des tiges des boutures sans boutons à fleurs. Ôtez ensuite les feuilles inférieures avant de placer les boutures dans un bac de culture avec un fond de sable dans le jardin. Pour maintenir l'humidité, placez des bocaux sur les boutures. Coincez cependant une pierre plate ou un bâton en dessous pour qu'un peu d'air puisse circuler. Maintenez la terre humide en permanence. Au printemps suivant, vous pourrez transplanter les jeunes plants à l'emplacement que vous aurez prévu pour eux. Ils se transformeront au cours de l'été en de vigoureux arbustes et fleuriront rapidement. Si vous raccourcissez les jeunes plantes, elles fleuriront un peu plus tardivement.

En hiver, recouvertes de givre, les inflorescences séchées des hortensias sont particulièrement décoratives.

Bien soigner les hortensias en pot

En groupe, ces plantes en pot sont disposées bien en vue à proximité de la terrasse. Ainsi, on n'oubliera pas de les arroser. C'est important car les hortensias s'avachissent rapidement s'ils manquent d'eau.

Les hortensias à grandes feuilles forcés sont vendus à partir du printemps comme plantes en pot. C'est un cadeau très courant pour la fête des mères, pour une communion ou une confirmation. Ces plantes en pot valent la peine d'être mises très rapidement dans un bac plus grand et placées sur une terrasse ou tout autre endroit approprié dans un jardin. Vous pouvez naturellement essayer de continuer de les cultiver comme arbustes dans le jardin. Mais la plupart du temps, les hortensias en pot n'ont pas leur variété indiquée sur l'étiquette, de sorte que vous ne pouvez pas savoir s'ils seront suffisamment résistants au froid. Les assortiments des fleuristes se différencient fortement de ceux des pépiniéristes. Les premiers sélectionnent leurs variétés macrophylla avec comme critère la rapidité avec laquelle les jeunes plants deviendront de belles plantes fleuries. Néanmoins, si vous êtes dans une région où les hivers sont doux, vous pouvez toujours tenter votre chance, et vous serez peut-être agréablement surpris. Il est arrivé qu'un hortensia en pot reçu en cadeau vieillisse merveilleusement dans un jardin et refleurisse d'année en année. Mais les hortensias à grandes feuilles peuvent aussi vivre durablement en bac (voir le chapitre « Les hortensias et la culture en pot » aux pages 69 et suivantes) à condition de recevoir un arrosage suffisant, d'être bien entretenus et protégés du gel en hiver.

Contenant et substrat

Si vous voulez que vos hortensias en pot soient à leur avantage pendant toute la saison, vous devez leur offrir un contenant suffisamment grand (avec un diamètre de 2/3 au moins de celui de la plante) et ne pas lésiner sur la terre. De **bons substrats** ont un grain fin et régulier et retiennent l'humidité. Ils contiennent suffisamment de minéraux argileux, une tourbe de qualité supérieure avec une structure qui convient, et des adjuvants qui garantissent une rétention appropriée de l'eau et des éléments nutritifs. Ainsi la terre boit et respire.
L'eau et les éléments nutritifs parviennent aux racines des

plantes de manière optimale. Les adjuvants, qui favorisent l'absorption de l'eau, assurent aux racines un approvisionnement régulier en humidité et en nutriments et les empêchent de se dessécher. Le résultat est une plante saine et vigoureuse avec des fleurs abondantes. Les substrats prêts à l'emploi contiennent en plus de l'**engrais de fond** ainsi que tous les éléments nutritifs nécessaires à la croissance de la plante. Il n'est donc pas nécessaire de redonner de l'engrais aux plantes dans les six à huit semaines suivant la plantation. Par la suite, il est judicieux d'utiliser un **engrais liquide spécifique pour plantes de terre de bruyère** et d'y incorporer de l'alun pour donner aux fleurs une coloration bleue – si tant est que c'est ce que vous souhaitez.

Une eau précieuse

Comme les racines des plantes qui poussent à l'intérieur d'un caisson, d'un pot ou d'un bac, ont un espace limité, elles doivent être régulièrement arrosées pour que les mottes ne sèchent pas. Un arrosage quotidien, matin et soir pendant l'été, est indispensable pour pouvoir exhiber des hortensias en pleine forme sur un balcon ou une terrasse. Avant d'arroser, vérifiez l'humidité du substrat. S'il est déjà sec en surface, il est plus que temps de lui donner de l'eau.
Arrosez généreusement, mais lentement pour que la terre ne soit pas noyée. Le surplus d'eau ressort par les trous d'aération du fond. Si vous avez placé une soucoupe sous votre bac, enlevez l'eau récupérée. Attendez cependant un moment avant de le faire car souvent les racines aspirent encore une partie de cette eau dans la demi-heure qui suit l'arrosage.

Les hortensias en pot au fil de l'année

Les hortensias en pot peuvent rester dehors du début du printemps jusqu'à l'automne. Ils supportent sans dommages des températures négatives pendant une courte durée. Mais il ne faut pas qu'elles se prolongent. De manière générale, le problème des plantes en pot est que les mottes gèlent plus vite qu'en parterre. Par conséquent, quand les températures deviennent constamment négatives, les plantes doivent être mises à l'abri du gel dans un endroit frais et clair, si possible.

Conseil

Arrosez vos hortensias en pot de préférence le matin et/ou le soir et non pas vers midi, l'heure la plus chaude. L'eau s'évapore en partie déjà pendant l'arrosage.
Dans les endroits où l'air est sec, les agglomérations ou les centres-villes notamment, les plantes apprécient aussi une douche régulière au brumisateur. Mais en aucun cas, vous ne devez les arroser au brumisateur ou à l'arrosoir en plein soleil, les gouttes d'eau auraient pour effet de brûler les feuilles.

À partir de mars, la douceur revenue, l'hortensia peut être **sorti de ses quartiers d'hiver** et placé en extérieur. Mais en cas de gelée, la plante doit à nouveau absolument retourner à l'intérieur.
Après six à huit semaines, les fleurs se forment. Pendant cette période, la plante doit être arrosée régulièrement et sa croissance encouragée par l'apport d'un **engrais KP** associant potassium et phosphore toutes les deux à trois semaines.
Après la floraison, les rameaux peuvent être un peu rabattus et il est désormais possible de **dépoter et de rempoter la plante**

Conseil

Laisser les hortensias à grandes feuilles en pot passer l'hiver dehors n'est pas une bonne idée. Les mottes, même dans de grands contenants, gèlent vite. Mieux vaut donc les placer dans un endroit protégé, dans le garage si nécessaire.

(tous les ans ou tous les deux ans). En été, il est important de maintenir l'hortensia humide. Il a besoin de beaucoup d'eau. Le mieux est d'utiliser l'eau de pluie. Dans les endroits secs, en centre-ville par exemple, les hortensias souffrent de la sécheresse de l'air et de la forte pollution. Vaporiser de l'eau régulièrement aide la plante à supporter ces conditions environnementales difficiles.
À partir d'octobre, en fonction de la température, l'hortensia doit **retourner dans ses quartiers d'hiver**. L'important est que les rameaux aient déjà formé des bourgeons vigoureux qui vont fleurir au printemps.
Dans ses quartiers d'hiver aussi, il faut **l'arroser de temps en temps**, la terre ne doit à aucun moment s'assécher complètement. Elle doit toujours être légèrement humide.

Erreurs d'entretien, parasites et maladies

Dans l'ensemble, les hortensias sont des plantes robustes. Néanmoins, en cas d'emplacement inadéquat ou de carences nutritionnelles, ils peuvent devenir la proie des parasites ou être atteints de champignons ou autres maladies virales.

Erreurs d'entretien

Le manque d'eau
Dégâts : Les feuilles s'avachissent, les tiges des fleurs ne sont plus rigides, mais molles. La plante semble s'affaisser.
Cause : La plante ne reçoit pas assez d'eau et montre des symptômes sérieux de stress.
Remède : Arrosez la plante en profondeur, recommencez quelques heures après. S'il s'agit d'un hortensia en pot, vous pouvez le placer dans un contenant rempli d'eau.

L'absence de floraison
Dégâts : L'hortensia ne fleurit pas, il n'y a pas de bourgeons.
Cause : Mauvaise taille. Les rameaux de fleurs fanées ont été trop coupés à l'automne précédent, ou la plante a été retaillée au printemps.
Remède : Ne rabattez pas les espèces d'hortensias qui fleurissent sur le bois de l'année précédente (*H. macrophylla* et *H. serrata*), ôtez simplement leurs inflorescences.

Les dégâts dus au gel
Dégâts : Bourgeons secs et rabougris, qui ne poursuivent pas leur développement.
Cause : Les bourgeons à fleurs formés dès l'année précédente ont gelé.
Remède : Choisissez un endroit protégé ou mettez vos hortensias en pot à l'abri du gel. Alternative : choisissez des cultivars qui fleurissent aussi sur le bois de l'année, comme 'Endless Summer'.

Ravageurs

Même avec un emplacement adéquat et un entretien soigné, les hortensias peuvent être victimes de parasites et attraper des maladies. Souvent, l'attaque est minime et n'exige pas qu'on fasse quoi que ce soit, d'autant que les parasites ont eux aussi des ennemis naturels qui se reproduisent autant qu'eux. Mais parfois l'attaque est plus sérieuse et ne peut être contrée qu'avec l'emploi d'une préparation adaptée.

Les mulots

Dégâts : Les plantes se flétrissent brusquement, parfois en quelques heures. Si vous voulez réellement prendre le mal à la racine, il faut déterrer complètement la plante, car les racines ont été ou seront complètement mangées.

Cause : Ces rongeurs insatiables apprécient particulièrement les racines des jeunes plantes ligneuses qui ont été fraîchement plantées. Une nuit leur suffit souvent à détruire complètement une nouvelle plantation.

Lutte : Dans les régions menacées, placez les racines de chaque arbuste dans un treillis métallique à mailles fines qui se referme au-dessus du collet. Avec le temps, les racines se développent et traversent le treillis, qui lui-même va rouiller après quelques années. Mais les racines plus vieilles, dures, ne sont plus menacées par les mulots.

Les pucerons

Dégâts : Des petits insectes noirs ou verts colonisent les tiges et les feuilles à l'extrémité des rameaux mous. Ils sucent la sève de la plante, de sorte que les feuilles se recourbent et se flétrissent. Par ailleurs, les pucerons transmettent aussi des champignons comme la fumagine, qui forme un duvet noir aux endroits attaqués des plantes.

Cause : Souvent, les engrais utilisés sur les plantes, y compris sur les plantes ligneuses, sont trop riches en azote, ce qui ramollit et affaiblit les rameaux. Parfois, c'est simplement une question de temps, au début de l'été par exemple, quand il fait chaud.

Lutte : La première chose est d'utiliser l'engrais avec modération. On sous-estime facilement les doses apportées, surtout en ce qui concerne l'azote. Ensuite, faites en sorte que leurs ennemis naturels, les coccinelles, les larves ou les chrysopidae se plaisent dans votre jardin. Pour cela, n'utilisez pas d'insecticides et laissez traîner dans certains coins de votre jardin des déchets végétaux où ces insectes pourront se retirer pour pondre leurs œufs ou se protéger de leurs ennemis. Si malgré cela, vous subissez une attaque massive, des moyens de lutte qui épargnent les prédateurs des pucerons sont en vente dans le commerce, à base de pyrèthre par exemple. Vous pouvez en vaporiser de manière préventive.

Un sol alcalin et un manque de nutriments conduisent inévitablement à la chlorose, le signe d'une plante carencée.

Les chenilles

Dégâts : Feuilles mangées par endroit, souvent il ne reste plus que leur squelette.

Cause : Certaines années, les chenilles constituent une véritable épidémie, alors que

Bien qu'insatiables, les chenilles ne subsistent pas longtemps : elles comptent parmi les plats favoris des oisillons perpétuellement affamés.

d'autres années, l'attaque est mineure. Il n'y a pas de prévention possible.
Lutte : Vous pouvez essayer de les ramasser, mais c'est difficile quand les arbustes sont hauts. Sinon, vous pouvez encourager les oiseaux à faire leur nid dans votre jardin. Ceux-ci nourriront leur couvée avec les chenilles.

Les tétranyques

Dégâts : Sur l'envers des feuilles, vous constatez la présence de taches blanc-jaune et d'acariens minuscules de 0,3 mm de diamètre environ. Les feuilles infestées sèchent et tombent.
Cause : L'emplacement de la plante est trop sec et celle-ci est mal nourrie dans l'ensemble.

Les otiorrhynques, et surtout leurs larves, sont capables de causer des dégâts considérables. Il est essentiel de les combattre systématiquement.

Lutte : Placez les plantes ligneuses à un emplacement adapté et fertilisez-les. En cas d'attaque minime, vous pouvez enlever les parties atteintes et les détruire. En cas d'attaque plus importante, l'insecticide est la seule solution.

Les thrips

Dégâts : Taches jaunes sur les feuilles, qui virent plus tard à l'argenté. À côté se trouvent de petits points noirs, ce sont les excréments des parasites.
Origine : Un emplacement trop sec, souvent à proximité d'un mur brûlant ou sur des dalles.
Lutte : En cas d'attaque importante, enlevez et détruisez les parties touchées. Vous pourrez ensuite utiliser un insecticide autorisé.

Les otiorrhynques

Dégâts : Les feuilles sont grignotées sur leurs bords, trace de la présence d'otiorrhynques, qui agissent la nuit. Les petits asticots, qui vivent dans le sol, sont encore plus nuisibles que les coléoptères, car ils endommagent les racines et font mourir toute la plante.
Cause : Souvent les coléoptères sont apportés par de nouvelles plantes qui viennent d'être achetées.
Lutte : Vous pouvez combattre les larves avec des nématodes auxiliaires vendus dans le commerce spécialisé. Vous mélangez ceux-ci à l'eau d'arrosage et versez autour des racines des plantes attaquées.

Champignons et virus

Le botrytis

Dégâts : Les bourgeons à fleurs sont recouverts d'un duvet gris et tombent.
Cause : L'emplacement est trop humide ou il y a eu une longue période de pluies.
Lutte : En général, le fait de couper les bourgeons atteints et de les détruire suffit à sauver la plante. Vous pouvez éventuellement pro-céder à des pulvérisations préventives (non nocives).

Le mildiou

Dégâts : Duvet blanchâtre farineux sur le bout des branches et les feuilles.
Cause : Différences importantes de température le jour et la nuit, temps humide en général, qui empêche les feuilles de sécher suffisamment.
Lutte : Les branches touchées doivent être enlevées, ensuite vous pouvez vaporiser un fongicide.

Index

Les astérisques renvoient à des illustrations.

Crédits photographiques

Adams : 9, 39 à droite, 45 en haut, 48, 49 en bas, 54, 67 en haut, 67 en bas, 75 ; Borstell : 2/3, 4 en bas, 5 en haut, 7, 11, 12, 13, 14, 19, 20 en bas, 21 en haut, 24 en haut, 27 à gauche, 28 en bas, 34, 36, 41 à gauche, 41 à droite, 47, 52, 55, 56 en haut, 57 à gauche, 57 à droite, 58, 60, 62, 63, 66, 69, 70 à gauche, 71, 72, 73, 74, 76, 78 à gauche, 81, 87 ; Borstell/Gärtnerei Dahlmann : 70 à droite ; Brand : 1, 17 en haut, 21 en bas, 26 en haut, 26 en bas, 32 en haut ; GBA/Didillon : 30, 68 ; GBA/GPL : 5 en bas, 43, 86 ; GBA/Noun : 65 ; Henseler : 91 en bas ; Jeddeloh : 18 ; Kosner : 23 ; Markley : 44 en haut à gauche, 80 ; Minier : 28 en haut, 40 à gauche, 40 à droite, 42 en bas ; Nickig : 10, 17 en bas, 29, 35, 39 à gauche, 56 en bas, 59, 64 en haut ; Oprins : 38, 38/ petite photo., 44 en bas à gauche, 44 en haut à droite, 46 en bas ; Pellens : 25 ; Redeleit : 77 ; Reinhard : 4 en haut, 6, 16, 22, 24 en bas, 27 à droite, 31, 32 en bas, 42 en haut, 46 en haut, 50, 64 en bas ; Romeis : 20 en haut ; Seidl : 8, 45 en bas, 49 en haut, 51, 88, 91 en haut, 92 ; Stangl : 83 ; Strauß: 78 à droite, 82

Titre original : *BLV Garten Plus : Hortensien* (Katharina Adams)

Cette édition par Chantecler, Belgique-France
Traduction française : Stéphanie Telliez
Imprimé en Belgique.

D-MMXII-0001-188

Nous tenons à remercier Monsieur Patrick de Sèze, des Hortensias du Haut Bois pour sa collaboration à l'édition française.

Les Hortensias du Haut Bois
18, rue des Hortensias – Le Haut Bois
56800 Taupont - France
www.hortensias.fr